The World According to Star Wars
Cass R. Sunstein

スター・ウォーズによると世界は

ハーバード大学ロースクール教授
キャス・R・サンスティーン
山形浩生［訳］

早川書房

スター・ウォーズによると世界は

THE WORLD ACCORDING TO STAR WARS
by
Cass R. Sunstein

Translated by
Hiroo Yamagata
First published 2017 in Japan by
Hayakawa Publishing, Inc.
This book is published in Japan by
direct arrangement with
The Wylie Agency (UK) Ltd.

我が息子、デクランに

はっきりしない、未来は動いているからいつも。
——ヨーダ

考えられる限り最高のアドベンチャーだよ、
自分の人生を創り上げるというのは。
そしてこれはだれにでもあてはまる。無限の可能性なんだ。
——ローレンス・カスダン

目次

序　文

人類は三種類に分類できる。スター・ウォーズが大好きな人、スター・ウォーズが好きな人、そしてスター・ウォーズが大好きでも好きでもない人だ。この拙著の一部を、自分では特におもしろいと思った部分をかいつまんで妻に読み聞かせたところ、ある晩に彼女はとうとう、哀れみと苛立ちの入り混じったものをこめてこんな返答をした。「キャス、あたしは別にスター・ウォーズが特別好きってわけじゃないの！」（まあ私もそれを知ってはいたんだろうけれど、なぜだか忘れてしまっていた）。

本書を書き始めたときの私は、単にスター・ウォーズが好きなだけだった。いまや愛の閾値《いきち》をはるかに超えるところまできてしまった。それでも、本書はこの三種類のすべての人を対象にしたつもりだ。

もしスター・ウォーズが大好きで、ハン・ソロが先に撃ったのはまちがいないと思っていて、パーセク、ビッグス、ボバ・フェット、ハックス将軍について知るべきことをすべて知っている人でも、このシリーズの意外な起源、そのかなり予想外の成功、そしてそれが父親、自由、救済について本当は何を言っているかを学びたいかもしれない。そこそこ好きなだけの人でも、運命や英雄の旅や、せっぱつまったときに正しい選択をどう行うかについての独特な主張には関心があるだろう。

実はスター・ウォーズなんかあまり好きじゃなくて、アクバーとフィンやウィンドゥのちがいもわからなくても、それがなぜこれほどの文化現象になったかには興味があるだろうし、なぜそれがこれほどの共感を呼び、なぜその魅力が色あせず、それが子供時代や、善と悪の複雑な関係、反乱、政治的変化、憲法にどんな光を当ててくれるかは知りたいだろう。

高熱にうかされて書いた「無垢の予兆」で、ウィリアム・ブレイクは「砂の一粒の中の世界」を見たと書いている。スター・ウォーズは砂の一粒だ。そこには全世界が含まれる。

はじめに：スター・ウォーズから学ぶ

あらゆる神々、あらゆる天国、あらゆる地獄は、お前の内側にあるのだ。
——ジョーゼフ・キャンベル

二〇一六年初頭時点で、スター・ウォーズ・フランチャイズは三〇二億ドルほどを稼いでいた。このうち映画の興行収入は六二・五億ドル、二〇億ドル近くが本から、一二〇億ドルほどがおもちゃからきている。この総額は、アイスランド、ジャマイカ、アルメニア、ラオス、ガイアナなど、世界の九〇カ国のGDPを上回っている。スター・ウォーズが国で、その稼ぎがGDPだったとしよう。その場合、地球上一九三カ国のちょうど真ん中あたりに位置していることになる。そうなれば国連で一議席もらってもおかしくないのでは？

さらにその稼ぎは急増している。『フォースの覚醒』の驚異的な成功によるもので、爆発的な増大だ。

この数字だけでは、話は全体像にかすりもしない。「定量化、すべてはできない」（とヨーダが言ってませんでしたっけ？）政治と文化で言えば、スター・ウォーズはいたるところにある。一九八〇年代のロナルド・レーガンの戦略防衛イニシアチブは一般に「スター・ウォーズ」と呼ばれている。二〇一五年一二月に『フォースの覚醒』が登場すると、バラク・オバマ大統領は記者会見をこんな台詞で終えた。「それじゃみんな、私はスター・ウォーズを観に行くので」。同じ週にヒラリー・クリントンは全米民主党討論会を次の台詞で終えた。「フォースがみなさんと共にありますように」

またその同じ週に、共和党の大統領候補だったテッド・クルーズもこうツイートした。「フォースが……呼びかけている。それをとにかく受け入れて、今晩の＃ＣＮＮディベートを聞こう」ウェスタンや一九六〇年代コミックから拝借し、自由を奉じて、希望に対する大胆な期待を掲げるスター・ウォーズは、党派を超えて全アメリカ的なものだ。

同時に、その魅力は世界的だ。シリーズへの熱狂はアメリカに限られたものではまったくない。二〇一五年末、私は台湾で講演ツアーを行い、同国総統とその憲法法廷と会談してきた。人権、規制、世界経済、台湾と中国の複雑な関係について議論をした。でも全員が、スター・ウォーズの話もしたがった。このサーガは、フランス、ドイツ、イタリア、ナイジェリア、イギリスでは大人気だ。イスラエル、エジプト、日本でもみんなのお気に入りで、インドさえ征服されている。二〇一五年までは中国では上映が認められていなかったけれど、いまやそこですらフォースは覚醒している。

人類史上で、スター・ウォーズのような出来事はかつてなかった。ソーシャルメディアに後押しされて、このシリーズ全体がカルト的な支持を得ている。ただし、このカルトはあまりに巨大すぎて、カルトという言葉におさまりきらないほどだ。人類そのものとすら言える。最近グーグルで「スター・ウォーズ」を検索したら、七・二八億件がヒットした。これに対し「ビートルズ」は一・〇七億件、「シェイクスピア」は一・一九億件、「エイブラハム・リンカーン」は六九〇〇万件、「スティーブ・ジョブズ」は三・二三億件、「テイラー・スウィフト」は二・三二億件だ。それがいかに応用力が高いかを示すものとして、ツイッター検索でまっ先に出てきたものを挙げよう。「スター・ウォーズ・デス・スター・ピーナツバターカップで飢えを破壊しよう」

はいはい、スター・ウォーズがそこまで好きじゃない人もいるだろうし、まったく興味がない人だっている。でもファンを自認する人もしない人も、たぶん映画についてはいろいろ知っているはずだ。フォースってご存じでしょう？　ダース・ベイダーも聞いたことはありますよね？ひどくつらいときなんかに、ときどき心の奥底で「助けて、オビ＝ワン・ケノービ、あなただけが頼りです」なんて思ったりしたことがあると告白する人もいるのでは？

スター・ウォーズは人を結びつける。住んでいるのがベルリンだろうとニューヨークだろうと、ロンドンだろうとサンフランシスコ、シアトル、パリだろうと、ダース・ベイダーは見ればすぐにわかるだろうし、ミレニアム・ファルコンって何だかも十分ご承知かもしれない（ご存じですよね?)。二〇一五年のアメリカとロシアは、特に仲がよいわけではなかった。ウラジーミル・プーチンとバラク・オバマの間にはかなりの緊張関係があった。でも『フォースの覚醒』が登場したとき、ロシアの高官がキラキラした少年のような笑顔と、何やら共通の人間性に対する認知のようなものをこめて、このシリーズが自国で本当に心底愛されていて、ロシア国民はほとんど全員がこの映画を観ていると語ってくれたのだった。

スター・ウォーズはまた世代を結ぶ。我が三歳の娘リアンはダース・ベイダーが大好きだ。六歳の息子デクランは、ライトセーバーを身につけるのが大好きだ。またすでに成人したエリンという娘もいて、最初の三部作二つは彼女と観た——確か彼女が七歳くらいのときに始まったと思う。『フォースの覚醒』を観た直後に、SMSでこんなメッセージを送ってきた。「オープニングクレジットを見たとたんに涙があふれた……いっしょに観なかったのはこれが初めてね!」

私の両親は他界して久しいけれど、SFマニアの母は一九七七年公開の最初の映画『スター・ウォーズ』(その後『新たなる希望』に改名)に夢中だった。父にとってはもう少し複雑だったらしい。父は第二次大戦では海軍将校で、一九四〇年代には太平洋海域に駐在し、銃の扱いも知っていた(クローン戦争を戦った、と言うべきか)。テニスや自動車や釣りが好きだった——ライトセーバーやドロイドはそれほどでもなかった。でも、何にでも興味を示す人間で、映画『スター・ウォーズ』の魅力も理解した。ウーキー並に健康だった父は、六〇代初頭に脳腫瘍に倒れ、『新たなる希望』公開のたった四年後に亡くなった。エリン、デクラン、リアンと会うこともなかった。

文化によって儀式も伝統もちがう。サンタクロースもいれば、イースターのウサギもいるし、歯の妖精もいる。でも、幼い子供といっしょにすわり、その子が初めてスター・ウォーズを見るのにつきあうのと比肩するものはなかなかない。劇場が暗くなり、あの愛すべき黄金の文字が画面を満たし、ジョン・ウィリアムズのおなじみの音楽が来たるものを予告してくれると、そこには畏怖と脅威がある。多くの幽霊が部屋に入ってくる。かれらと会えるのは嬉しいことだ。スター・ウォーズは死者を呼び覚ます。

スター・ウォーズは現代の神話である

『新たなる希望』が最初にリリースされたとき、ほとんどの関係者は大コケを予想した。映画会社はまったく評価しなかった。だれも気に入らなかった。役者たちも、荒唐無稽だと思った。創り出したジョージ・ルーカスは、大惨事になるのではと震え上がった。こうした話はいくつか疑問を呼び起こす。どうしてスター・ウォーズは、かくも驚異的な大成功をおさめたんだろうか？なぜその魅力はこれほど長続きしているんだろうか？　なぜそれは現代の神話になったのか？そこから何が学べるだろうか？　文化、心理、自由、歴史、経済、反乱、人間行動、法律について？　人間の心について？

本書ではこのすべての疑問に答えてみよう。詩や小説のように、スター・ウォーズ・サーガが多様な解釈の余地をたっぷり残しているのが役にたつ。スター・ウォーズは帝国の批判であり、民主主義を求める熱烈な訴えなのか、それともその正反対なのか？　本当に光の側を支持しているのか、それともこっそり暗黒面と恋に落ちているのか？　フォースは神様なのか、それとも私たちそれぞれの中にあるものなのか？　映画はキリスト教信仰について何を言っているのか？　ジェンダーや人種については？　資本主義については？　忠誠心の意味については？　なぜ歴史がいまのような展開を迎えるのかについては？

スター・ウォーズは普遍的な物語の現代版を提供する。それは英雄の旅というものだ。ルーカスはこれについて自覚的で、ジョーゼフ・キャンベルのとても影響力の強い『千の顔をもつ英雄』を直接援用している。この本は、無数の神話を結びつける中心的な生涯の出来事を描き出している（ルーカスはキャンベルを「我がヨーダ」と呼んでいる）。本質的なところでは、英雄の旅はイエス・キリスト、ブッダ、クリシュナ、ムハンマドの物語だ――そしてスパイダーマン、バットマン、ジェシカ・ジョーンズ、ルーク・スカイウォーカーの物語でもある（そしてアナキンの物語でもあり、レイの物語でもあり、おそらくフィンとカイロの物語でもある）。

英雄の旅は人々の心理に奥深く共鳴するものだ。それは人間心理の奥底に直接働きかける。あなたがだれであれ、それはあなたの物語でもある（いずれわかる）。

同時にスター・ウォーズはフォースの両サイドが持つすさまじい力にもしっかり注目している。私たちのすべてにとって、光と闇との選択はまったく単純などではないことを実証している（単純だと思うなら、それは自分をごまかしていて、十全な人生を送っていないのだ。人間はだれしも、暗黒面を訪れてみるべきだ。やってごらん。尻込みせずに）。様式化された形とはいえ、このシリーズは共和国、帝国、反乱について重要なポイントを述べている。共和国がとても脆《もろ》いこともあり、帝国もまた脆い場合があることを理解している――そして反乱の成功がしばしば、ちょっとした決断や一見すると関係なさそうな要因で決まるのだということも。

スター・ウォーズは父と息子の複雑な関係と、それがお互いにどんな影響を与えるか、特に人生そのものを左右する瞬間にどう働きかけるかについて、深いこだわりを持っている。この点での教訓は強力だし時代を超えるものだ。近いうちに、シリーズは娘についても何か強力なことを言うだろう（『フォースの覚醒』後では、もうほとんど確実だ）。親が子供たち（幼子だろうと成長してからだろうと）とこのサーガを観るとき、みんな大いに楽しんでいる一方で、自分たちの愛着の性質について、何か重要なことを学び、感じ取っているのだ。

選択の自由

スター・ウォーズはまた、選択の自由についても大胆な主張をしている。人々が苦境を迎えたり、何らかの岐路に立たされたりすると、シリーズは必ずこう宣告する：選ぶのはお前の自由だ。これがスター・ウォーズの一番深い教訓だ。これが英雄の旅へのひねりだ。物事がいちばん暗く、人生が最も制約されているときですら、選択の自由の強調はこのサーガの最も影響力のある特徴だ。これはまた、サーガの中心にある許しと救済の主題とも全面的に関係している（スター・ウォーズによれば、人は常に許されることが可能だし、常に救われる余地はある）。

偉大な脚本家ローレンス・カスダンは、『帝国の逆襲』『ジェダイの帰還』でルーカスと協力し、『フォースの覚醒』でJ・J・エイブラムスとも協力している。かれは子供のような驚きをこめてこう述べている。「考えられる限り最高のアドベンチャーだよ、自分の人生を創り上げるというのは。そしてこれはだれにでもあてはまる。無限の可能性なんだ。それはなんというか、次の五分間に自分が何をするかはわからないけれど、でもなんとか切り抜けられる気がする、というようなものだ。それは生命の力の肯定なんだ」

スター・ウォーズ映画は運命と、最終的な予言の力を描いたものだと思っている人は多い。でもそんなことはない。「はっきりしない、未来は動いているからいつも」（ヨーダは本当にこう語っている）。これが隠されたメッセージでありスター・ウォーズの真の魔法だ——そしてそれが人間の自由にもたらしている感動的な支持の基盤でもある。

構想

本書ではかなり多様な話題を扱う。たとえば人間の愛着の性質とは、タイミングこそすべてというのは本当か、スター・ウォーズ映画七本のランキングは、なぜマーチン・ルーサー・キング・ジュニアは保守派だったのか、どうして少年は母親を必要とするのか、クリエイティブな想像力の働き、共産主義の崩壊、アラブの春、人権についての理解の変容、『フォースの覚醒』が勝利だったか失望だったか、人間の関心の限界、スター・ウォーズが本当にスタートレックより優れているのか、といったことだ。

ロードマップがお好きな向きのために：エピソードⅠ、Ⅱ、Ⅲでは、ジョージ・ルーカスがスター・ウォーズ・サーガをどうやって思いついたか、なぜ『新たなる希望』があらゆる予想に反し、これほどのすさまじい成功をおさめたかについて検討する。エピソードⅣ、Ⅴ、Ⅵは映画の魅力的なほどの多義性を検討し、それがその三つの最も重要な主題、父性、救済、自由について何を語っているかを見る。エピソードⅦとⅧは、サーガが政治、反乱、共和国、帝国、憲法について教えてくれる教訓に注目する。エピソードⅨとⅩは魔法、行動科学、フォースを検討する——そしてなぜスター・ウォーズが実は時間を超える存在になったのかについても検討しよう。

エピソードI：私がお前の父親だ
ジョージ・ルーカスの英雄の旅

黄色い森で道が二手に分かれる
残念ながら両方を旅することはできない
一人の旅人として私は立ち尽くし
片方をなるべく遠くまで見渡すと
それは曲がって下草の中に消え……

――ロバート・フロスト

重要なテクストにはすべてを事前に考え抜いた一大デザイナーがいて、その後起こるすべてのことは、その人物の基本的な計画のおかげなのだと思ってしまうことはよくある。そのデザイナーは個人かもしれない。ウィリアム・シェイクスピア、レオナルド・ダ・ヴィンチ、ジェーン・オースティン、ジョージ・ワシントン、スティーブ・ジョブズ、J・K・ローリングなど。あるいはそのデザイナーは組織や制度かもしれない。ウォール街、国会、市場、CIA、ハリウッドなど。

でも本当のところは、最高のデザイナーというのは即興屋だ。アイデアはあるし、いろいろひらめきもあるけれど、でも一大計画と言えるようなものは何もないことも多い。ルーク、ハン、アナキン、レイのように、その場で選択を行なう。何かを始めると、それがいろいろ予想外の方向に向かう。キャラクターもストーリーも独自の勢いを増し、独自の物語を語りはじめさえする。デザイナーたちは、最終的な到達点についてはイメージがあるかもしれない。一種の内的なGPSか完成予想図みたいなものだ。でも作業そのものは、かれらの期待していた道筋を大きく外れたところに向かうこともある――そしてかれらは、それを大いに感謝する。自分の設計が最終的にどんな形になるかについて、当のかれらもほかのだれにも負けないほど驚き、驚愕すらしてしまう。道で分岐点に出くわし、片方よりもう片方を選ぶ。創造性はそういうふうに機能する。

行動科学者たちは「計画の誤謬《ごびゅう》」という話をする。つまり人々はプロジェクトが実際よりずっとはやく完成すると思ってしまうのが通例だということだ。大心理学者ダニエル・カーネマンとエイモス・トヴァースキーの台詞だと「たとえば科学者や作家は、プロジェクト完了までにかかる時間を甘く見てしまいがちなので悪名高い。これは過去にスケジュール遵守に失敗してきた経験が大量にあるときでさえ起こる」。

レポート書きをしている高校生や、建設プロジェクトを実施している都市や、ミレニアム・ファルコンを設計しようとしているエンジニアだれにでも聞いてみれば、計画の誤謬の働きが如実にわかるはずだ。でもクリエイティブな想像力の場合、そこには性質のちがう、はるかに興味深い種類の計画の誤謬がある。創造的〝先見の明〟の神話とでも呼ぼうか。人は自分でもびっくりするような選択をせざるを得なくなる。予想していた方向性は、実は自分が進む方向ではないことがわかったりする。事前にすべて計画はできない。

スター・ウォーズ・シリーズの創造にもこれは当てはまる。それはまた、登場キャラクターにとっても視聴者にとっても大きな教訓だ。農場の少年ルークがジェダイマスターに？　ハン・ソロがソロでなくなる？　ダース・ベイダーが許される？　フィンがレジスタンスを助ける？　ゴミ漁りのレイがルークのライトセーバーを身につける？

だれが予想しただろうか？

『フラッシュ・ゴードン』がやりたかった

スター・ウォーズ映画をどうやって思いついたかという説明で、ジョージ・ルーカスの発言は時代ごとに変わってきている。その説明の一つは次の通り。

> もともとスター・ウォーズは一本の映画になる予定だったというのはお忘れなく。安手の連続活劇シリーズのエピソードⅣで、その前に何が起こったか、後に何が起こるかなんて考えてもいない。ダース・ベイダーの悲劇として考えられていたんだ。この怪物がドアから入

ってきて、みんなをなぎ倒し、そして映画の半ばあたりでこの一篇の悪役が実は男で、主人公がその息子だというのに気がつく。そして悪役は息子に刺激を受けて英雄に変身する。もともと一本にする予定だったんだけれど、でもそういう形で作るだけのお金がなかったから分けた――一本にしたら五時間映画だった。

別の説明はこんな具合で、ちょっとちがっている。

スター・ウォーズ・シリーズは、一本の映画として始まったんだが、それがでかくなりすぎたんで、それぞれの場面を取り出して、個別の映画にカットしたんだ。（中略）もとの着想はまさに父と息子と、双子――息子と娘――をめぐるものだった。その家系こそが物語の核だった。（中略）最初にスター・ウォーズをやったときには、一本の巨篇として作ったんだ。

また別のものが、最初の三部作のノベライゼーション三本のある版によせたルーカスの序文に出てくる。

発端から私はスター・ウォーズを六本の映画シリーズ、または三部作二つとして着想した。

（中略）最初のスター・ウォーズの脚本を書いたときには、ダース・ベイダーがルーク・スカイウォーカーの父親だと知っていた。観客は知らなかった。私はずっと、これを作ったら——その機会が与えられたら——この種明かしはみんなを驚愕させるだろうと感じていた（後略）

ルーカスがスター・ウォーズをどうやって考案したかという物語の全貌はずっとややこしい——そしてはるかにおもしろい。いちばん最初のいくつかのバージョンだと、スター・ウォーズはダース・ベイダーの悲劇としてなんか作られていない。怪物がドアから入ってくる場面で始まってもいない。英雄的な息子が悪漢的な父親を持つ話なんか一言もない。いまみんなが知っているようなダース・ベイダーは、ルーカスがかなり後になって思いついたもので、かれがスター・ウォーズの着想を得てからずっと後だ——そしてそのときですら、ベイダーはチョイ役だった。ルーカスが「スター・ウォーズの物語は実はダース・ベイダーの悲劇なんだ」と言うのは、ウソではないけれど、でもそこにたどりつくまでにはずいぶんかかっている。

最初の三部作の展開の広がりは、ルーカスの強いこだわり、ビジョン、高い基準、学び続けようというたゆまぬ意志を示すものだ——そしてそこには一種の天才がある。ルーカスは決して脚本書きが好きではなかった。かれはビジュアル型の人間なので、ダイアローグがあまり思いつかない。『新たなる希望』の脚本を書くのには数年かかったし、それも本当にひどい体験で一種の拷問だった。毎日何時間も部屋に閉じこもり、何ページも書くよう自分に強いて、その体験の相当部分が耐えがたかったという。病気になり、自分の髪を引き抜いた（本当に）。でもなぜか、このビジュアルアーティストは、時代のアイコンとなる作品を書き上げたのだった。

ルーカスが書き始めたときには、まだ着想は抽象的で漠然としていた。一九七〇年代初頭、かれは「スター・ウォーズ」の計画について外向けに語るとき「宇宙を舞台にした西部劇」とか「『フラッシュ・ゴードン』（一九三四年初出の新聞連載漫画）的なSF映画」とか述べている。自分は「『フラッシュ・ゴードン』の大ファンで、宇宙探検の信者だ」とも述べている。一九七三年にルーカスは「『スター・ウォーズ』は『アラビアのロレンス』、ジェームズ・ボンド映画、『2001年宇宙の旅』の混合物になる。英雄は宇宙のエイリアンたちで、ホモサピエンスが当然ながら悪役だ」

でも実はちがう。いちばん最初、ルーカスは『フラッシュ・ゴードン』の権利を買って、現代版を製作したがった――でもそれだけのお金がなかった。当人曰く「『フラッシュ・ゴードン』がやりたくて、キング・フィーチャーズから権利を買おうとしたんだが、えらくふっかけられて、当時の私には手が出なかった」

脚本は、ぎくしゃくした形で断続的に書き進められた。最初のあらすじが完成したのは一九七三年五月だ。最初の草稿が丸一年後に登場した。どちらも後に『新たなる希望』となるものとは似ても似つかない。「スター・ウォーズの最初のバージョンを書いて、みんなで議論して、自分がこの脚本が大嫌いなのに気がついた。それを捨てて新しいのを書き始め、これまたゴミ箱送りにした。これが四回、まったくちがう四つのバージョンで起こった」とルーカス。『新たなる希望』の基本的なプロットが生まれたときですら、シリーズの最終的な方向性とダース・ベイダーの悲劇は、ルーカスの念頭にはまるでなかった。一部の説だと、『新たなる希望』は単独の映画になるはずだった――『スター・ウォーズ』であり、『エピソードⅣ』ではない。ルーカスの協力者ゲーリー・クルツが明かしたところでは「私たちの計画は『スター・ウォーズ』をやって『地獄の黙示録』をやって『M★A★S★H　マッシュ』的なブラックコメディをやる、というものだった」

スター・ウォーズは最終的には父親と息子たちの物語になり、息子によって刺激を受け（そして救済され）た英雄的な父親の話になる。でもルーカスがこうしたすばらしいアイデアを思いついたのはかなり後になってからだった――そしてそれがすべてを変えた。

ゼノス、ソープ、ベベル族の王子

脚本書きの最初期段階のどこかで、ルーカスは大量の（すてきな）名前の一覧を作った。中には使われなかったものもある。その一覧の一部はこんな具合だ。

皇帝フォード・クセルクセス三世
ゼノス

モンロー
メイス
ヴァロラム
ビッグス
クレグ
ハン・ソロ（「ハッブル族首長」）
ソープ
ローランド
ラーズ
ケイン
アナキン・スカイウォーカー（「ベベル族の王」）
ルーク・スカイウォーカー（「ベベル族の王子」）

「ノートンⅢ」という氷の惑星、「ヤヴィン」というジャングル世界（身長二メートル半のウーキーたちもいる）、「アキレー」という砂漠の惑星もあった。

最初の頃、ルーカスがはっきりイメージできていたのはたった一つの場面だけだったようだ。宇宙での一種のドッグファイトで、宇宙船が「第二次世界大戦の戦闘機や、野鳥みたいに、お互いに急接近したりまわりを急旋回したりする」というものだった。各種の名前を念頭に、かれはあらすじを作り「ホイルス銀河史」と名付けた。この日記は謎だらけで、その長さや内容については諸説ある。

どうやらそれは、たった二ページの断片で、冒頭はこうだった。「これは畏敬されるオプチのジェダイ・ベンドゥであるメイス・ウィンディの物語。かれを紹介してくれたのはC・J・テイプ、その高名なジェダイのパダワン弟子である」。C・Jというのは「キッセルのチューイー・ツーソープ」の略で、その父親は「ハン・ダーデル・ソープ、高名な宇宙クルーザー、タルナックの首席操縦士」だった（チューイーがいる——でもウーキーじゃない！　ハンがいる——操縦士だがソロじゃない！　キッセルが出てくるけれど、ケッセルではないしケッセルランもない！）。メイス・ウィンディは「独立星系連合議長配下の軍閥。（中略）銀河帝国の帝政指導者よりも力があると考える人すらいた。（中略）皮肉なことに、かれの更迭《こうてつ》と王立軍からの追放を招いたのは（中略）味方たちの恐れなのだった」

この短い文書だと、メイスとC・Jは「壮大な冒険」をする。それは「ヤヴィンへの核融合ポータブルの積み荷」の警備を行うことで、ヤヴィンでかれらは「星系連合議長からの謎の伝令により、荒廃したヨシロー第二惑星へと召喚される」。ルーカスの最初の物語は、これ以上の内容はほとんどない。

なぜこれが主人公たちにとって壮大な冒険なのかははっきりしない。というか、かなりひどい代物に思える。ルーカスが手をつけ始めたとき、あまり中身はなかった。でも明らかにインスパイアされていた。何か偉大なものを生み出そうとする多くの人と同じように、なにか刺激のようなもの、むずむずするものを感じたようだ。メイスとC・Jは偉大なものになる運命ではなかった。でもそのむずむずは、それなりの対応が必要だった。

いがみ合う官僚たち

ルーカスのエージェントはこの物語に完全に困惑したので、ルーカスは新しいものに乗り出した。これは日本の黒澤明による一九五八年の映画『隠し砦の三悪人』を大いに拝借したものだった。初期の草稿は、この映画を直接下敷きにしていた。黒澤の映画は、二人のいがみあう農民の視点から語られていて、その二人が戦国時代に荒廃した風景の中を彷徨《さすら》うところから話を始める。巧妙な仕掛けだ。ルーカスも認めている通り、R2‐D2とC‐3POはこのキャラクターを大いに参考にしている。

ルーカスの初期の文章の片鱗を。「宇宙要塞の戦闘から逃れようとして、怯えきっていがみ合う官僚二人が、アキレイに不時着する」一四ページのストーリーは『隠し砦の三悪人』にあまりに似すぎているので、リメイクとすら言えそうで、ルーカスは映画の権利を買おうかと思案したほどだ。

このバージョンだと、ルーカスは『ザ・スター・ウォーズ』（かれはそう呼んでいた）を「遠い昔、はるかかなたの銀河系」に設定しなかった。その逆で、舞台ははるか未来だった。「時は三三世紀、銀河の内戦時代だった。反乱軍の王女が家族や守護兵や部族の財宝とともに、追跡されている」

反乱軍の王女は、どこかで聞いた名前の将軍と同行している。ルーク・スカイウォーカーという将軍だ。二人の旅は、ある帝国と反乱勢力との戦闘のさなかに設定されている。ある場面でスカイウォーカー将軍は「レーザー剣」を使って、宇宙港近くの酒場で少年反乱軍兵士たちの一人をいじめている悪役を殺す（なんか聞いたことがあるような気がしませんか？　ちょっとくらいでも？）。別の場面で、スカイウォーカー将軍と反乱軍は、戦闘機の一団を接収する。帝国レンジャー兵の格好をして活動するうちに、帝国首都オルデランの監獄施設を見つける。かれらは大喜びで王女を解放し、最後にはセレモニーがあって、王女が一種の女神だと明かされる。

ちょっとスター・ウォーズっぽくはあるけれど、R2-D2もC-3POもいないし、他のお馴染みの名前はほとんど出てこないし、さらにみんなの知っているストーリーの広がりもない。脚本の初期段階ではダース・ベイダーは単なる将軍でそれほど大した役ではなく、最後には吹き飛ばされる。脚本草稿の最終段階ですら、ルーカスはダース・ベイダーがルークの父親だとは思っていなかった。またその線でのあいまいさを維持しようともしなかった。実際は、ダース・ベイダーをルークの父親にするつもりはなかった。「ダース・ベイダー」というのが「ダークファーザー（暗黒の父親）」をもじったものだという噂は、なかなかいいお話ではあるけれど、でも事実ではない。

おとぎ話

ちなみに、初期の脚本の一部には、確かにロボット二台が登場し、見かけもお馴染みで、名前もかなり聞き覚えがあるものだ。アルツー・ディートゥ（ArTwo Deeto）とシースリーピオ（SeeThreePio）という。その会話も、どこか聞き覚えがある。

アルツー：　きみは考えの足りない役立たずの理屈屋だ。（中略）どうした！　仕事に戻ろう。システムは動いてる。
シースリーピオ：　この体重過剰のグリース玉野郎が。私についてくるんじゃない。あっちいけ。あっちいけ。

さて何か気がついたことは？　アルツーがしゃべっている！　そしてルーカスが草稿の一つについて報告していることがある。「そこにちょっとしたものを付け加えたんだ。『遠い昔、はるかかなたの銀河系で、驚愕の冒険が起こった』。基本的に、これはおとぎ話になったんだ」『新たなる希望』となるものの初期草稿だと、ダース・ベイダーは主要キャラクターではなかったし、ルーカスも救済はまったく念頭になかった。このエピソードはルークの物語であってベイダーの物語ではなかった。救済という発想そのものがかなり遅くになって登場したもので、それが最終的にはこの物語を自由と選択と父と息子という、ありえないくらい感動的なものに変えた。『ジェダイの帰還』の初期草稿ですら、ベイダーはまったく許してもらえず、むしろどうでもよい存在になってしまい、グランド・モフ・ジェルジェロッドが皇帝の新たなお気に入りになるのだった。またルーカスは当初、パルパティーンがシス卿になるなどとはまったく考えていなかった。

そしてあの「ホイルス銀河史」はどうだろうか。マイケル・カミンスキーはそれを「スター・ウォーズの歴史の中でおそらく最も不思議で謎めいたアイテムであり、あまりにも伝説と謎に包まれているので、一種の聖杯になってしまった」と述べている。でも実はそんなものは現存しないし、おそらく過去にも存在したことはなく、さっき言及したきわめて短い初期の断片でしかなかった。でもそれがプロジェクト全体の基点となるようだし、一種の重みを与えるようでもある。『フラッシュ・ゴードン』があろうとなかろうと。

「ここだけの話」

「私がお前の父親だ」の瞬間により、ルーカスはスター・ウォーズを新しい物語の道へと送り出す選択をした。それまでの物語と（そこそこ）うまく整合しつつ、それにまったく新しい光をあて、しかも当のルーカスも予想しなかった道だ。『新たなる希望』公開後のインタビューで、ルーカスは続篇を考えていて、それが「ベンとルークの父親とベイダーが、若きジェダイの騎士だった頃に関するものになる。でもベイダーはルークの父親を殺し、ベンとベイダーが対決するんだ。ちょうどスター・ウォーズでやったみたいにね。そしてベンはベイダーを殺しかける」と述べている。

ルーカスは「ずっと最初から、ベイダーをルークの父親として構想してきた」と主張し続けているけれど、あるときちょっとちがうことを語っている。かれがあの大ヒットテレビドラマ『LOST』の脚本家たちに送ったメモがある。「ここだけの話（中略）『スター・ウォーズ』が最初に登場したとき、私もそれがどこへ向かうか見当もつかなかった。コツは、自分がすべてを事前に計画していたようなふりをすることだ」。はるかに雄弁な発言として、かれは一九九三年にこう認めている。「そういうものを創っているときには、キャラクターたちが乗っ取って、自分のやっていることとは別に物語を語り始める。（中略）すると、パズルをどうやってもとに戻し、筋が通るようにするかを考案しなければいけない」

ちなみに、多くの作家はしばしば、まさにこういう表現をしている。キャラクターたちが「乗っ取って」、独自の一貫性と勢いをもって勝手に「物語を語り」、作家の願いと独立に動くようになる、と。キャラクターたちの人生が展開するにつれて、それは作家たちが絶対に予想できなかったような道筋に向かってしまう――それにより、その著者たちにさえも「エージェンシー（主体性）」の印象を与えてしまう。ウィリアム・ブレイクは自分の著作について「それを自分のものと呼びはするが自分のものではないと知っている」と述べ、自分の著作プロセスが一種の口述であり「事前の考慮もなく、私の意思に反することさえある」と語っている。ミュージシャンたちもときどき、まったく同じことを言う。

背筋がゾクゾク

インスピレーションはどのように機能するのだろうか？　よい物語はどうやって突然深みを増したりちがったものになったりするのか？　多くのクリエイティブ系の人々にとっては、物語（あるいは歌や建物や風景）が新しい展開を見せるときには、何かカチッというような、あるいは雷に打たれるような感覚さえ覚えるという。そんなことが起こるとは予想もしなかったのに、それがやってきたらわかる。すばらしい『スター・ウォーズ』はいかにして宇宙を征服したか』の著者クリス・テイラーを大いに援用しつつ、どんなことが起こった可能性があるかを少し考察してみよう。

『帝国の逆襲』のクライマックスを書くとき、ルーカスはインスピレーションがわき起こって、ベイダーがルークに向かい「父と子二人で銀河を支配するのだ」と言うべきだと決めたという。このことばがルーカスの想像力をふるわせたのかもしれない。それが「そうだ！」という背筋のゾクゾクする感覚を生み出したかもしれない。もしベイダーがこれを文字通りの意味で言っていたらどうだろう？　テイラーが書いているように、これはいきなり「なぜオーウェン叔父さんからオビ＝ワンからヨーダまで、ルークの成長をあれほど懸念していたのか、父親のようになってしまうのではないかと懸念していた理由を、一発で説明できてしまう」。こうしたすべてがとつぜん、新たに筋の通ったものとなった。この説明が後付けであっても――そうしたキャラクターたちの懸念がもともとはダース・ベイダーと何の関係がなかったとしても――それはそれで結構。現在はしばしば過去に新しい光を当て、もともと思っていたものといささかちがったものにしてしまう。別にそれは今回が初めてではない。

いまの説明は単なる憶測だ。ベイダーをルークの父親にしようというアイデアを、ルーカスはもっと早い時期か、あるいは別の形で思いついたのかもしれない。本当に重要なのは、スター・ウォーズのシリーズは多くの文学作品と同様に、「私がお前の父親だ」的瞬間とそれに伴う背筋のゾクゾクこそが決定的だということだ。それはすべてをひっくり返すような変化と方向性の逆転をもたらし、それまでの物語との連続性は（それなりに）維持されつつも、それがいまや変化してもっとおもしろくなる。ベイダーが父親だということで、ルーカスにとっても大きな課題が生まれた。というのもそのために観客は過去の場面を見直し、ときに根本的な形で再評価しなくてはならないからだ。もしその再評価で観客が完全に不信感を抱いたら――「おおすげえ！」ではなく「ふざけんな！」になったら――「私がお前の父親だ」の瞬間はうまくいかない。それどころか、反発を招き、シリーズ全体が台無しになっただろう。

たとえばベイダーが「私はお前の息子だ」とか「私はお前のネコだ」とか「私はエイブラハム

・リンカーンだよ」とか「私はR2－D2だ」とか言ったとしよう。話はめちゃくちゃになっただろう。みんな「ふざけんな！」と思ったはずだ。必要なのは、本当の驚愕を反映する観衆たちの絶句、果ては信じられないという思考停止の一瞬さえもあって、それから畏怖に満ちた「これでいまやすべて筋が通る」といった印象だ。その絶句は、一種の認識を示す。まったく予想外だったとは言え、そこには結局のところあるパターンがあったのだ、という印象だ。

最高の「私がお前の父親だ」的瞬間は、すべてが事前に予言され、すべてが最終的にきっちりおさまるところにおさまる、という感覚を生み出す。ギリアン・フリン『ゴーン・ガール』はその一例だし、驚異的なミステリー作家ハーラン・コーベンはこの手法の名手だ。A・S・バイアットの壮大な『抱擁』はこうした瞬間をいくつも持っているし、この点ではシェイクスピアこそが、もちろんながらジェダイ・マスターの師匠格だ。視聴者が過去の場面を振り返り、「私がお前の父親だ」的瞬間を受け入れ可能なものどころか、後から考えれば他にあり得ないと思うようになれば、一貫性ある叙述という不可欠な感覚は維持される。もちろん、スター・ウォーズを含めあらゆる物語は、そうした一貫性を失わずに様々なちがった方向に向かえる。そうした瞬間の最高のものの場合、人々はそれを事前にはなかなか予想できない――そしてその後は、話がそれ以外の展開を示せたとは想像もできなくなる。

「見方によれば」

そうだったとしても、『帝国の逆襲』での「私がお前の父親だ」の瞬間はルーカスに厳しいジレンマをつきつけた：『新たなる希望』でオビ＝ワン・ケノービはルークに、ダース・ベイダーが「きみの父親を殺した」と告げた。あれはウソだったの？　もしそうなら、オビ＝ワンはいろいろ弁解が必要になる。聖者のようなオビ＝ワンが、若きルークにウソをつくなんて？

ルーカスが好きなのはビジュアルであって、プロット作りではない。でもこの問題について見事な解決策は思いついた。『ジェダイの帰還』でかれはオビ＝ワンにこんな説明をさせている。「お前の父親はフォースの暗黒面に誘惑され、アナキン・スカイウォーカーではなくなった。善人だったお前の父親は消滅したのだ。見方によれば私の言ったことは真実だ」

一部の人々にとって、この説明は悪名高いもので、とんでもないインチキだ。「見方次第では」はウソをついていたと告白するに等しい。なんだかシスっぽくさえある。自分の国の指導者がこれを言ったり、妻や夫がこういう発言をしたりすれば、怪しく思うのでは？　でもこれは巧妙でもある。物語の一貫性を保つだけの筋は通している。もちろん、オビ＝ワンの当初のコメントは文字通りの殺人についてのもので、比喩的な話ではない。でも比喩的な殺人でも十分な一貫性はもたらす。ある意味で、むしろそのほうがすごい。そしてオビ＝ワンが必ずしも真実すべてを明かさなかったとしても、まあルークも若かったし、すべてを明かされても扱いきれなかったかもしれない。

ちなみにパルパティーン議長は、オビ＝ワンのことばを暗い鏡に映し出し、若きアナキンに対してしつこく語りかける。「善は見方次第だ」。シスは道徳的相対主義者なのだ。

愛し合う双子

ルークとレイアが実は双子だったという事実はどうだろう？　ある意味で、こちらの「私がお前の父親だ」的瞬間は、物語の一貫性を保とうとするルーカスの努力にとって、ずっと大きな課題をつきつけることになった。ルーク役を演じた当のマーク・ハミルも賢明にこう述べている。「これはベイダーの話を超えようとする、ホントにダメなやり口としか思えなかったね」でもこれはちょっと手厳しすぎる。ベイダーの話を超えたりはしなかったけれど、それなりに成功しているし、いろいろ山ほどの問題も解決できている。

『新たなる希望』と『帝国の逆襲』を書いたとき、ルーカスはまちがいなくルークとレイアを双子だとは思っていなかった。それどころか――そして両者のまちがいない性的な緊張関係が示すように――二人がきょうだいだとすら思っていなかった。『新たなる希望』公開後、一九七六年頃のインタビューでルーカスはこう言っている。「そして（レイアが）だれと最終的に結ばれるかは、だれにもわかりません。言わせてもらえば、たぶんルークのほうが、ハン・ソロより彼女に入れ込んでますね」

示唆的なこととして、初期の脚本やキャスティング監督はどちらも、ルークがレイアより歳上だ（つまり双子ではあり得ない）と述べている。アラン・ディーン・フォスターによる『新たなる希望』の見事でときにエロいノベライゼーションだと、ルークはレイアのホログラムを見て「その文の断片を彼女の官能的な唇がくり返し形成する様子を堪能した」となっている。そして初めて実際に彼女に対面すると、「彼女は映像よりもずっと美しい、とルークは彼女を食い入るように見つめながら思った」。そして小説の終わりはこんな具合だ。

歓声と喝采に包まれて立つルークは、気がつくと連合軍との将来のことも考えていなければ、ハン・ソロやチューバッカと冒険の旅に出る可能性のことも考えていなかった。むしろ、ソロはあり得ないと言ったことではあるが、かれの思いはすべて、燦然としたレイア・オーガナに占められていたのだった。

うひゃあ。そしてルーカスが『新たなる希望』を書いてから、かれはその続篇を何作か書く計画を持っていた。当時かれはこう語っている。「二作目ではルークがお姫様にキスするんだ。二作目は宇宙版の『風と共に去りぬ』になる。彼女はルークが好きだけれど、ハンがクラーク・ゲーブルだ。うん、でも彼女がルークを選ぶようなふりをしてもらおうかな、ハンには旅立ってほしいからね」

そしてもちろん『帝国の逆襲』にはルークとレイアがキスする例の場面がある——そしてそのキスは、きょうだいが通常やるようなものにはまるで見えない。気色悪い、ですよねえ？

確かに、ルークにきょうだいがいたという示唆はあった——でもそれはレイアではあり得なかった。ルーカスが『帝国の逆襲』を始めたとき、かれはルークには「宇宙の反対側に双子の妹がいた——安全のためにそこに置かれていたのだ。彼女もまたジェダイとして訓練を受けている」と書いている。ルークとレイアが当初から双子として構想されていたという説は、これで完全に崩れる。

ハミルが「ダメなやり口」と呼んだものが登場したのは『帝国の逆襲』で、ルークこそが「最後の希望です」というオビ＝ワンの主張に対し、ルーカスがヨーダに「もう一人おる」と言わせているせいが大きい。このほのめかしについて、ルーカスは後にこう語っている。「『スター・ウォーズ』の出来事以前に、六時間分になるくらいの出来事があって、その六時間で『もう一人』はかなり前面に出てきて、三本目の映画の後になったら『もう一人』はだいぶ見えてくるはずだよ」。ルーカスが何を考えていたのかははっきりしない。妹を想定していたのかもしれない——でもそれがレイアのはずはない。彼女は『新たなる希望』に先立つ六時間で、まるで「見えてきて」はいないからだ。

ルーカスは、ヨーダの謎めいた興味深い示唆を書いたのは、一部は「ルークの危機、つまり物語はかれを必要としないかもしれないという点について、観客の認識を深めるため」だったと述べている。はいはい。でもそこにはもっと実務的な理由もあった。マーク・ハミルは、続篇には出演しないと決めるかもしれなかったので、その場合には「もう一人」がその後釜にすわるしかなかった。またこの示唆で、その双子の妹を扱ったエピソードⅦ、Ⅷ、Ⅸの可能性も出てきた（ちなみに、ビリー・ディー・ウィリアムス演じるランド・カルリジアンは、ハリソン・フォードが続篇に出ない可能性があったために登場した。その場合には、カルリジアンが無頼漢じみた宇宙海賊としてハンの後釜に入ればいい。ウィリアムスは、フォードが戻ってきたので大いにがっかりしたそうだ）。

実はルーカスは、三つ目の三部作を作ろうと本気で計画したことが何度もある（とはいえこの点についてのかれの発言は一貫していない）。でも『ジェダイの帰還』を書く頃には、ルーカスも俳優たちも、これ以上の映画を作るのに興味をほぼ失っていた。みんなもうたくさんだと思っていた。すると、「もう一人おる」の謎をどうやって解決すればいいのか――そしてハン・ソロ、ルーク、レイアの三角関係をどう解消すればいいのか？

ルーカスの解決策は、レイアがそのもう一人だというのを明確にして、三角関係のうち二人が双子だということにすることだった。確かに、『新たなる希望』『帝国の逆襲』でのきょうだい同士の性的な雰囲気はかなりの問題を作り出す。すでに述べたように、ルーカスの解決策はそれを無視することだった。そしてこの二人がきょうだいだというのが十分あり得るという話を（いささかごり押し気味に）強調するため、これが明かされたときにレイアにこう言わせている。「分かってた、ずっと…そんな気が」。そんなわけあるかい。明らかにルーカスは、レイア自身がずっと分かってたのなら、観客たちもその血縁関係がもっともらしく、果ては計画通りのものだと考えて、それが前作からの一貫性を破壊する異様な展開とは思わないのではと期待したわけだ。

「見事に成長したな、ルーク」

ルーカスの思考という起源となる核から出発して、プロットは無数のちがった方向に向かうこともできた。そのほとんどはいまよりひどいものになっただろう。オビ＝ワンが実はルークの父親だったとか、父親が本当にルークの幼い頃に殺されたりしていたら、あまりおもしろい話にはならなかったはずだ。

優れた脚本家リイ・ブラケットは、『帝国の逆襲』となるものについて、かなりあとの時期に、なかなかすばらしい脚本を書いている（これはネットで公開されている）。悲しいかな、ブラケットはこれを書いた直後に他界した。彼女は最終脚本の共著者とされているし、それは正当なことだ。最終脚本は彼女の作品を大いに参考にしているからだ。これは部分的に彼女の作品で、その点は疑問の余地がない。でも彼女が選んだものは、ルーカスの最終的なテクストとは実におもしろい形でちがっている。

彼女の脚本だと、ルークはオビ＝ワン・ケノービの厚意によって本当に自分の死んだ父親に、フォースの霊という形で出会う――そしてその父親はダース・ベイダーとは正反対の存在だ。ブラケットの語る物語では、その父親は「背の高い立派な男性」であり、対面したルークにとってそれはすさまじい衝撃となる。二人の対話は以下の通り。

スカイウォーカー：　見事に成長したな、ルーク。誇りに思うぞ。叔父さんはおまえの妹の話をしたことはあるか？

ルーク：　妹だって、ぼくに妹が？　でもオーウェン叔父さんはどうして……

スカイウォーカー：　私がそう頼んだのだ。帝国が迫っていたのを知って、おまえたち二人とも安全のために避難させたのだ、お互いにずっと離れたところにな。

ルーク：　妹はどこに？　名前は？

スカイウォーカー：　もしそれを教えたら、ダース・ベイダーはおまえの心からその情報を引き出して、彼女を人質にしたてるだろう。まだだ、ルーク。時が満ちれば……ルーク、私からジェダイの騎士の誓いを受けてはくれないか？

そしてルークはこう唱える。「私、ルーク・スカイウォーカーは、自分の名誉と、騎士たちの友愛への信頼にかけて、フォースをつねによい目的のためだけに使い、常に暗黒面には背を向け、生涯を自由と正義の大義に捧げると誓う。もしこの誓いを破れば、我が人生はいまもその先も奪われることとなる」

この誓いはまぬけだし、この場面全体もまぬけだ。ルーカスの「私がお前の父親だ」というひねりによって、すべてがあまり荒唐無稽でなく、緊張感を増し、とにかく改善されたのだ（ルーカスは暗黒面を訪れたわけだ）。でも、ルーカスの選択が常に正しかったのか、と尋ねる価値はあるだろう。考えられるちがった方向性の一部は、話を改善していたかもしれない。野心的で、視覚的には壮大で、過小評価されている前日譚三部作に対する罵倒に加わるべきではないけれど、でも確かに、完璧にはほど遠いアナキンとパドメのラブシーンについては、かなり改善の余地があるのは確かだ。

アナキン・スカイウォーカー：君は本当に……美しい。
パドメ：あなたを愛してるから。
アナキン・スカイウォーカー：違うよ、僕が君に夢中なんだ。
パドメ：恋は盲目？
アナキン・スカイウォーカー：（笑う）いや、そういう意味で言ったわけじゃないけど。
パドメ：でもたぶん外れてはいないわね。

これまた理想的とは言えないパドメの台詞：「抱いて、ナブーの湖畔でのように。遠い昔ね、あの愛の日々……。政治も陰謀も戦争もなかった」

でも、非常に評価されているいくつかの場面については改善されている点も指摘できよう。そうした場面について、ルーカスを上回るのはなかなかむずかしい――最初の三部作では、かれはフォースを大いに感じていた――でもあらゆる場合に最高の道筋だけを見つけたというのは考えにくい。ブラケットの物語では、ルークとレイアはきょうだいではなく、レイアはルークとハンの双方とラブシーンを繰り広げた挙げ句に後者に落ち着き、残されたルークは成熟して物静かな独り者となる。そのほうがおもしろかったかもしれない。

ひょっとするとルークの双子の妹は別の惑星にいて、その妹がプロットを活性化した可能性もある。もしそんなことになっていて、それが正史になっていたら、ルーカスが実際に選んだ、ルークとレイアが双子だというひねりを聞かされた人々は「キモッ！」「馬鹿げすぎてて荒唐無稽」と言ったかもしれない。

ミュージシャンのスクリレックスが賢くも述べているように「未来は偶然なんだ。なぜ偶然かというと、人が探究するからだ（中略）それを見ることはできない。行ったことのないどこかに、とにかく自分で出かけるしかないんだ」。そしてもちろんJ・J・エイブラムスは『フォースの覚醒』でいくつもの独自の選択を行った。他にも選べた道はいろいろある（そして実際に別の方向を選びかけた）。あの映画を描き終えたら、エピソードⅧとⅨのストーリーも選ぶ必要があった。それは決して事前に決まっていたものではない。エイブラムスについては、映画批評家アンソニー・レーンがいい点を指摘している。「こう言いたくはないけれど、かれは批評家なんだ――あらゆるクリエーター、特に他人の作品を作り直す立場の人は、必然的にそうならざるを得ない」

「そんなのいやだし、そんなの信じないね」

スター・ウォーズの物語構築での選択について、現実にあった古典的な例を挙げよう。これは『ジェダイの帰還』の実際の執筆で、決定的な瞬間だ。ルーカスがその驚異的な力の頂点にいた時点で、過去半世紀で最も優れた（そして私に言わせれば奥深い）脚本家の一人カスダンと、激しくアーティスティックに対立しているのだ。

二人のジェダイ・マスター同士の衝突であり、どちらもこの映画について、まったくちがったビジョンを持っている。

カスダン：ルークを殺してレイアがその衣鉢《いはつ》を継ぐようにしたほうがいいと思う。
ルーカス：ルークは殺さないほうがいいだろ。
カスダン：そうか、ならヨーダを殺そう。
ルーカス：ヨーダは殺したくない。だれも殺さなくていいじゃないか。一九八〇年代の産物なんだから。やたらに人を殺さなくたっていい。優しくないだろ。
カスダン：うん、優しくなんかないね。私は物語に何かエッジを効かせたいんだ……
ルーカス：だれかを殺したら、観客が離れると思うんだ。

カスダン：　私が言いたいのは、愛する人のだれかが途中で失われたほうが、映画にもっと感情的な重みが出るってことなんだ。旅にもっとインパクトが出る。
ルーカス：　そんなのいやだし、そんなの信じないね。
カスダン：　まあ、そりゃ結構だが。
ルーカス：　映画で、話が進んで主要キャラクターのだれかが殺されるってのが昔から大嫌いでね。これはおとぎ話なんだよ。みんなが末永く幸せに暮らしてほしいんだ。だれにもひどいことが起きないでほしいんだ。（中略）映画の肝心なポイント、この映画の終わりで私が到達しようと思ってるいちばんの感情は、本当に感情的にも精神的にも高揚して、人生について圧倒的にいい気分になってほしいんだ。それこそが、私たちにできる中で、とにかく最高のことなんだ。

私が見たところ、この論争はルーカスのノックアウト勝ちだ。「そんなのいやだし、そんなの信じないね」とはなんと貴重な発言だろうか。これが貴重なのは、一部はその順番のせいだ。「いやだ」というのが「信じない」より先にきて、それを説明する一助となっている。何かがいやなら、それを信じたくないと思うようになる。これは心理学者の言う「動機のある理由づけ」というやつだ（あともう一ついいせりふ：「やたらに人を殺さなくたっていい。優しくないだろ」）。

私はカスダンの発言がきらいだし、私もそんなの信じない。でも確かにヨーダは結局死ぬ（と言うべきか）。そしてもちろん、カスダンは『フォースの覚醒』でハン・ソロを殺し、望み通りのものをやっと手に入れた。二〇一五年にカスダンはこう述べている。「私はいつも主要キャラをだれか殺そうと主張し続けてきた。これで話に重みが出るからだ。もし全員がいつも無事生還するなら、危険は何もなかったことになる。それなりの代償はあるはずなのだ」。カスダンはそれを選んだというわけだ。

畏怖と敬意をこめつつも：その選択はまちがっていた！　ハンが死んだのを見て、友人の一人は明らかにがっくりして、こう宣言した。「もうやめた。もうこの手の映画はこれ以上は観ない」。そして映画を観終わった直後に、彼女は洗面所で一〇分間泣き続けたのだった。私はやめていないし、これからも一本残らず観るつもりだけれど、でもいつも映画で話を追っていると、主要キャラがだれか殺されるというのは、私も昔から大嫌いだったのだ。

パーセク

そしてもちろん、ハン・ソロのミレニアム・ファルコンに関する不朽の名セリフがある。「この船はケッセル航路《ラン》を一二パーセクもかからずに飛んだんだぜ」。このたまらないほどの具体性のおかげで、この一節は印象的だし、すでにお馴染みとすらいえる。「一二パーセクもかからずに」というのももっともらしい。実は「パーセク」というのは時間の単位ではなく距離の単位なので、かなりのこじつけ解釈をしない限り、この一節はあまり意味が通らないのだけれど。そして同時に、ソロの発言はどうしようもなく異質だ。「ケッセル航路」って何？

ハリソン・フォードの気取った自己満足とともに述べられるこの一節は、スター・ウォーズのシリーズすべてを成功させている要素の大半を捉えている。それはルーカスが、自分の映画の最も特徴的な点と呼んでいるものを体現しているのだ。その点とは「泡立つようなめまい感」だ（ルーカスは、それを不思議に思っているのだとも付け加えている。というのもルーカス自身にはまったくそういう部分がないからだ）。小説版は、この足下にも及ばない。「ケッセル・ランを一二標準時間《スタンダードタイムパート》もかからなかった船だぞ！」

スター・ウォーズは砂の一粒に過ぎないかもしれない。でも確かにそこには世界のすべてがあるのだ。

エピソードⅡ：だれにも好かれなかった映画
大コケ必至の映画が現代を定義づける映画となるまで

なにやらイヌの衣装を着たでっかいヤツがウロウロしてたよ。まったくとんでもなかった。
――ハリソン・フォード

スター・ウォーズのシリーズは成功確実だったのだろうか？　すべては運命づけられていたのか？　まちがいなしに？

公開直後から『スター・ウォーズ』（いまの『新たなる希望』）は大ヒットとなった。封切り日の一九七七年五月二七日には、公開館は三二館だけだったけれど、そのうち九館では記録破りの成績だった。これはニューヨークでの五館のうち四館でも起きた。封切りは水曜日だったのに、一日の総売り上げは二五万四八〇九ドル、つまり一カ所あたり八〇〇〇ドルだ。ハリウッドのマンズチャイニーズシアターでは、初日の興収だけで一万九三五八ドルだったし、マンハッタンのアスタープラザ劇場では二万三二二ドルだった。

確かに、公開週の興行収入でダントツというわけではなかった。『新たなる希望』の興行収入は二五〇万ドルだったのに対し、『トランザム７０００』は二七〇万ドルを稼いだ。でも偉大な『トランザム７０００』は三八六館という桁違いの映画館で上映されていた。週末になってもやっと四三館で上映されていただけの『新たなる希望』に勝ち目はなかった。

『新たなる希望』はその夏中ずっと一大センセーションとなった。あちこちで、どうやら町がまるごと一斉に押しかけて、この映画を観にきたらしい。一例だけ挙げると、公開から数カ月以内に、オレゴン州ベントン郡の住民の丸半分が『スター・ウォーズ』を観た（残り半分は何をしていたんだろう？）。驚愕と興奮が広がるにつれて、スター・ウォーズ人気は最初の数カ月でふくれあがり、八月半ばにはそれがピークに達して全米一一〇〇館ほどで上映されていた。その魅力は時間がたっても衰えなかった。四二館ほどは一年以上にわたりこの映画を連続上映していた。アメリカ中で、映画館はフィルムの新しいプリントを注文せざるを得なくなった。古いプリントが文字通りすり切れてしまったからだ。

もちろん『新たなる希望』は興行的にもすさまじい成功を収めた。九月までにこれは20世紀フォックス社の史上最も成功した作品となっていた。この映画の興行成績を直接的に反映して、同スタジオの株価は高騰した。一株六ドルから、映画公開直後には二七ドル近くまで跳ね上がったのだった。ほんの数カ月で、『新たなる希望』は『ジョーズ』を抜いて、史上最高の興行収入をあげた映画となった。最初の劇場公開がやっと終わったときには、三・〇七億ドルを稼いでいた。これは一九七七年興行収入第二位の映画『未知との遭遇』（こちらは一・二八億ドル稼いだ）

の二四〇パーセントにあたる。またこの年に五番目に稼いだ映画『遠すぎた橋』（五〇八〇万ドル稼いだ）のざっと六倍の興行収入で、一〇位で一七〇〇万ドル稼いだ『巨大クモ軍団の襲撃』の約一八倍だ。再公開も含めてチケット価格の上昇分について補正すると、『新たなる希望』は推定興行収入一五・五億ドルとなる。比較のために挙げると、この数字は『アバター』の補正済み興行収入を六億ドル以上も上回る。GDPで見ると、サモアのGDPを七億ドルほど上回る（インフレ調整済み興行収入で見ると、『新たなる希望』を上回るのは『風と共に去りぬ』だけだし、それも僅差だ。『新たなる希望』は『サウンド・オブ・ミュージック』『E.T.』『タイタニック』『十戒』『ジョーズ』を優に上回っている）。

ルーカスによる続篇と前日譚をあわせた五本も、素晴らしい大成功を収めている。『帝国の逆襲』は最初の公開で二・〇九億ドルを稼ぎ、その後のルーカスによる映画はどれも、最初の公開時に二億ドルを優に超える興行収入をあげた。最悪なのは『ファントム・メナス』だろうけれど、それでもルーカスによる三部作二つのなかで、補正前の総興行収入が最大なのはこの映画だ。インフレ補正しても（すべきだ）オールタイムで一八位の興行成績となり、『ジェダイの帰還』のわずか二位下、『帝国の逆襲』の五位下でしかない（それに『ファントム・メナス』はみんなが思っているよりいい映画なのだ。各種場面は想像力に満ちあふれている。ポッドレースを思い出そう。そしてダース・モールとのすごい戦いも）。

『フォースの覚醒』を目安にしていいなら、スター・ウォーズは今後当分の間、財務的なジェダイとなるはずだ。二〇一六年初頭現在、補正済み収入で見てもすでに史上一一位となっているし、スター・ウォーズのシリーズでも、『フォースの覚醒』を超えているのは『新たなる希望』だけだ。公開第一週に、『フォースの覚醒』は全世界でざっと五・一七億ドルを稼いだ。北米の数字は二・三八億ドル超で、うち一・二億ドルは公開初日、五七〇〇万ドルは初日の夜だけからのものだ。この数字の感覚をつかんでもらうと、それまでの北米最高記録は『ジュラシック・ワールド』の二・〇八億ドルだ。その前は、『ホビット』が一二月のオープニング週末の興行収入記録八七五〇万ドルを保持していて、『アバター』――史上最高の興行収入記録を持つ映画――はオープニングの週末だけで見れば、アメリカ国内ではそこそこふつうの八五〇〇万ドルしか稼いでいない。『フォースの覚醒』は史上の他のどんな映画よりも一〇億ドルの興行収入を早く達成した――たった一二日しかかからなかった。補正前の収入でみれば、そのたった八日後には史上最高の興行収入をもつ国内映画となったのだった。

これはどれも、もちろんただの数字でしかない。文化の面で言えば、数字はこのシリーズの影響全体のかけらほども捉えきれていない。『アバター』は経済的にはすさまじい成功だったし、すごくいい映画だったけれど、台詞を一行でも、場面一図でも思い出せるだろうか？　『タイタニック』や『オズの魔法使い』や『風と共に去りぬ』ならいくつか思い出せるかもしれない――が、正直言って、私はそんなのどうでもいいんだ。もうここはカンザスじゃない。世界の王者になったのはスター・ウォーズなのだ。

世界中で、大統領もそれを知っているし、上院議員も最高裁判事も知っているし、子供たちも、親たちも知っている。知らない相手と仲良くなりたければ、スター・ウォーズの話をしてみよう。天気の話よりずっといいし、たぶんうまくいくはずだ（啓発的な例外。私は最近、シリア難民との夕食会に参加した。子供五人の素晴らしい家族だった。そのだれ一人としてスター・ウォーズなど聞いたこともなかった）。『フォースの覚醒』リリース後に、私はコペンハーゲンに招かれて公共政策と規制についていくつか講演をした。その招待者たちは、スター・ウォーズについても話してくれと言った。二〇一五年の休日のパーティでは、会話の主な主題は大統領選でもなければヒラリー・クリントンでも、オバマケアでもロシアでもなかった。フォースが覚醒したのだ。

「だれも気に入ってくれなかった」

でもここには皮肉があるし、また大きな謎もある。ルーカスの証言だと、初期段階では「だれもこれが大ヒットになるとは思わなかった」。『新たなる希望』が公開されたとき、多くの関係者はこれが大コケすると思っていた。その製作の間中ずっと、「フォックス社内部ではこのプロジェクトについて根本的なやる気のなさ」があって、多くの重役は「この映画についても監督についても、まったく信用していなかった」。驚くべき話だが事実として、かれらは「幾度となくこの映画が消えてなくなってくれればいいと祈ったものだ」。

ルーカスとそのチームのお金が底をつきはじめると、ルーカスは実に示唆的なこととして『アメリカン・グラフィティ』(これまたまったく予想外のヒットだった)で稼いだお金をそのまま注ぎこまねばならなかった。この個人の資金注入がなければ、プロジェクト全体が崩壊しかねなかった。またこのほぼあらゆる方面からの否定的な見解は、プロジェクト全体の異様な性質をめぐる怯えの産物というだけでもなかった(ドロイドたちだって？　フォース？　オビ＝ワンなんて名前のジジイ？　それをアレック・ギネスが演じる？　ライトセーバー？)。フォックス社の経営会議がやっとラフカットを観たときには「拍手もなく、微笑さえなかった。みんな本当に落ち込んだ」。

最後の最後になっても、当のルーカス自身が「この映画が成功するとは思わなかった」。スタジオでもほとんどの人は同意見だった。「経営会議はこの映画をまったく信じていなかった」。その信念欠如の証拠として、スタジオはこの映画の予告篇をクリスマスに一本上映するだけで十分と考えた。そしてもう一回、イースターのときに予告篇が流された。

驚いたことに、フォックス社はこの映画が、プリントするセルロイドの価値すらないと思っていたらしい――文字通りの意味で。スタジオはこの映画のプリントを百本も作らなかったので、大群衆がこれを観たがるようになったときには大問題が生じた。ほとんどの人よりはかなり楽観的だったルーカス自身ですら、若者が気に入ってくれるかもしれないので、平均的なディズニー映画の興収である一六〇〇万ドルほどは稼げるだろうと見込んでいた。これをずっと上回る成功の可能性は「百億兆に一つ」だとかれは主張した。

「イヌの衣装を着たでっかいヤツ」

映画が大成功を収めたあとでも、ルーカスは「私は収支トントンくらいだと思っていたよ、いまだに理解できない」と語った。当時の妻で密接に共同作業を行っていたマーシャ・ルーカスは、マーティン・スコセッシの『ニューヨーク・ニューヨーク』（彼女はこちらの映画の編集にも協力している）のほうが人気が出ると思っていた。

人々の嗜好を理解するのが仕事のはずの劇場のほうも、かなり慎重な反応しか見せなかった。フォックス社は前渡しの保証金として一〇〇〇万ドルを確保したいと思っていたのに、実際はそのごく一部しか得られなかった。面目丸つぶれのたった一五〇万ドルだ。その夏の最有望映画は『真夜中の向こう側』だというのが劇場の見方で、ルーカスの映画への興味を無理矢理ひきだすため、スタジオは劇場に対して『新たなる希望』を上映しないと『真夜中の向こう側』も渡さないぞと警告したのだった。

マーケティング作業も、この映画を大いに買っていたルーカスの友人チャーリー・リピンコットの不屈の大活躍がなければ崩壊するところだった。リピンコットはこの映画を強力に売り込み、それをなんとかだれが見ても貧相とはいえ、三二館で上映させるよう支援したのだった——その一つはサンフランシスコの有名で巨大なコロネット劇場だ。ふたを開けてみると、かれがコロネット劇場を説得したのは本当に重要な成功要因となった。

『新たなる希望』公開直後、ルーカスと妻はハワイに休暇にでかけた。休暇が必要だったというだけでなく、レビューが出てくるにつれ「ルーカスが失敗作をリリース」と言われるのではと恐れたからだ。遠くハワイでなら「ルーカス自身が大惨事になると確信していたもの」から逃れられる。何年もたってから、かれが語ったところでは友人たちですら「この映画をまったく買っていなかった。そしてスタジオの経営会議も買っていなかった。（中略）だれもこれを気に入ってくれなかった」。

俳優たちも同意見だった。アンソニー・ダニエルス（もちろんC－3PO）曰く「セットでの一般的な雰囲気は、いま撮っているのがまったくのへぼ映画になる、というものだった」。ハリソン・フォードの発言では「なにやらイヌの衣装を着たでっかいヤツがウロウロしてたよ。まったくとんでもなかった」。ダース・ベイダー役を演じたデヴィッド・プロウス（ただしもちろん、とても重要な声をやったのはジェームズ・アール・ジョーンズだが）によれば「私たちのほとんどは、いま撮影しているのがデタラメの山だと思っていた」とのこと。マーク・ハミルによれば「こいつを演じながら真面目な顔を保つのは本当に苦労するぜ、と思ったものだよ。アレック・ギネスがウーキーの隣に座ってるなんて――まったく荒唐無稽すぎる」。何年も後になって、レイア役のキャリー・フィッシャーはこう回想している。「この映画は、あんなことになるはずじゃなかった――あんな結果になるなんてあり得なかった」

音響設計のベン・バートは、この映画が数週間くらいは成功するかもと思っていた。「私がせいぜい期待していたのは、来年のスタートレック大会でテーブルがもらえるかな、という程度でした」。封切り後の大人気を見ても、ルーカスはこう言っていた。「SF映画は、サイファイマニアの小集団がついてるからね。この連中は、SFであればどんな映画も最初の一週間は観に来るんだ。様子を見よう」ある映画研究者が証拠をまとめて述べたように、『新たなる希望』公開に続く批評面での絶賛と観客の熱狂を「だれも予想できなかった」。

どうしてだれも、待ち受けるものを予想できなかったんだろうか？　映画スタジオや、そこに配属されている専門家たちは、こういうのを予想するのが上手いはずでは？

エピソードⅢ：成功の秘訣

スター・ウォーズはすごかったのか、タイミングがよかったのか、単にツイてただけか？

結局のところ、私たちはみんな社会的な存在であり、お互いに頼れなければ人生が耐えがたくなるばかりか無意味になってしまう。でも私たちの相互依存には予想外の帰結がある。その一つは、もし人々が独立して意思決定をしないのであれば――もし他人が気に入っているというだけで自分も何かを気に入るという面が一部でもあるなら――人々個人の嗜好についてどんなに詳しくても、ヒットを予想するのは難しいばかりか、本当に不可能になるというものだ。

――ダンカン・ワッツ

どうして一部の製品（映画、本、テレビ番組、歌、政治家、思想）は成功し、一部は成功しないのか？　この質問に答えるにあたり、私たちはスター・ウォーズ現象に注目し、同時に成功と失敗についての一般的な教訓をそこから引き出してみよう――各種の製品についてだけでなく、各種の人々についても。

以下の三つの仮説をご検討いただきたい。

品質

その最初のものは、内在的な質こそが成功を決めるというものだ。スター・ウォーズは、そのエネルギーやスピリットや独創性があったから、失敗するはずがなかった。あまりにすごすぎた。事前にはだれもそれを見抜けなかった。例外はスティーブン・スピルバーグで、かれは最初からスター・ウォーズが大好きだった。スピルバーグは、ほとんどあらゆることについて正しい人物だし、『新たなる希望』についても正しかった。

ローレンス・カスダンは、そのすごさをこういう形でとらえている。「楽しいし、わくわくするし、クソッタレみたいに進むし、あれこれ深読みする映画じゃない」。素晴らしいものはいずれ頭角をあらわす（特にそれがクソッタレみたいに進むなら）。映画、本、音楽、芸術では、何が成功して何が失敗するかについて、何の謎もない。シェイクスピア、ディケンズ、ミケランジェロ、モーツァルト、フランク・シナトラ、ビートルズ、テイラー・スウィフト——みんな成功が運命づけられていた。『ハムレット』や『リア王』が大コケする世界なんか想像もつかない（テイラー・スウィフトの人気が出ない世界は想像できる人もいるかもしれないけれど、もしそうなら、そういう人々はとても可哀想だと思う）。品質こそは必要にして十分な条件なのだ。

社会的影響

第二の仮説は、内在的な品質は必要だけれど、それでは十分とは言えず、成功する映画にしても本にしても芸術作品にしても、社会的影響や反響を拡大する部分がないと、人々は興奮しない。世の中にはすごい作品が山ほどあるのに、そのほとんどはだれも知らない。火花も一部は大きな炎になるし、残りは消えてしまう。しばしば重要なのは、人気が人気を呼ぶ便乗効果が出るかどうかだ。それがあると人々は、他の人々が気に入っているらしいというだけでそれを気に入るようになる。ジョージ・ルーカスはすごい映画を一本、二本、いや四本さえ作ったかもしれないけれど、でもすさまじくラッキーでもあった。それは、すさまじい便乗効果がかれの後押しをしてくれたということだ（J・J・エイブラムスは『フォースの覚醒』でずっと楽な道をたどっていた。ブランドがすでに確立していたからだ）。そしてちょっとした運命のひねり次第で、だれもルーカスや、ディケンズや、シナトラや、下手をするとモーツァルトもシェイクスピアもスウィフトも名前を聞いたことがないことだってあり得た。

この主張を確認するにはもちろん、「社会的影響」とか「反響室《エコーチェンバー》効果」とかいう用語について、かなり具体性を持たせないといけない。どれでも基本的な考え方は、何かすごいものを手にしていても、その産物はまったく成功しないかもしれないということだ（あたりを見回せばそういう例は目に入るはずだ）。

タイミング

第三の仮説は、重要なのはその産物とその公開のまさにその時点における文化との関係なんだというものだ。一部のアーティストや映画は、ある特定の文化的な琴線に触れ、それが成功には必要にして十分なのだ。はいはい、すばらしい作品かもしれないけれど、タイミングが悪ければ失敗する。他にもすばらしいアーティストや映画はあるけれど、文化がそれを受け入れる用意ができていないか、あるいはそれを受け入れるような時代がすでに終わってしまったので、大失敗する。必要なのは文化的な共鳴なのだ。

この見方からすると、ルーカスはまちがいなく正しく琴線に触れた。『スター・ウォーズ』の最初のリリースは当初は『新たなる希望』とは呼ばれていなかったけれど、みんなそれをまさにそういうふうに理解していた。だってずばり新たなる希望の話だからだ。ルーカスはこれを若者向け——一四歳以下の若者向け——と考えていた。そしてこの映画は、われわれみんなの心の中にいる子供に訴えかけた。みんなの童心はまさにその時点で注目されたいと思っており、楽観主義と高揚感を求めていたのだ。一九六〇年代のひどい騒動——ケネディ家二人の暗殺、マーチン・ルーサー・キング・ジュニアやマルコムXの暗殺——のあと、新たなる希望こそまさに人々が求めていたものだった。ルーカスは、それを銀色の宇宙船にのせて届けたのだ。

一部の人にとって、帝国がアメリカ、少なくともニクソン政権と解釈できる（これはルーカス自身が示唆している）のも役に立った。でも他の人々にしても、映画が冷戦の終結時期にリリースされたのがいい方向に機能した。帝国をソ連と関連づけるのは容易だからだ（ロナルド・レーガンが一九八三年にソ連を「悪の帝国」と呼んだのは偶然だろうか？）。

同様に、二一世紀の最初の一〇年と次の一〇年に、それぞれ『ハリー・ポッター』と『ハンガー・ゲーム』が流行ったのも偶然ではない。二〇〇一年九月一一日の攻撃の後で、人々は悪についての広範な不安を扱ったエンターテイメント（ヴォルデモートはオサマ・ビン・ラディンということだろうか？）や、英雄的な自由の戦士に関する夢を引き起こしてくれるようなものを求めていた。『スター・ウォーズ』、『ハリー・ポッター』シリーズの映画、『ハンガー・ゲーム』は共通のものを持っている。時代精神に当てはまっているのだ。『ハリー・ポッター』は、ちょっと魔法が使えれば善玉たちが勝利できることを示した。『ハンガー・ゲーム』はSFとアドベンチャー（普通は少年向けの話）を強いロマンスの雰囲気（普通は少女向けの話）と組み合わせたし、また技術と監視に関する不安も刺激した。成功する芸術作品は、すごいものもあるし、そこそこでしかないものもあるけれど、でも共鳴しない限りは成功しない。

どの仮説が正しいんだろうか？

『シュガーマン』

その疑問に答えるには、別の映画に目を向けよう。宇宙船ともドロイドとも何の関係もない映画だ。二〇一二年、アカデミー長編ドキュメンタリー映画賞を受賞したのは『シュガーマン　奇跡に愛された男』だった。この映画は、シクスト・ロドリゲスことシュガーマンというデトロイトの売れなかったシンガーソングライターを扱っている。かれは一九七〇年代初頭に、アルバム二枚をリリースした。上手いし、素晴らしいとさえ言えるほどだけれど、たぶんみなさんは初耳だろう。ほとんどだれもそのアルバムを買わず、レーベルにも見放された。

もっともな行動として、ロドリゲスはレコード作りをやめて解体作業員の仕事に就いた。かれの二枚のアルバムは忘れ去られた。ロドリゲスは、何らかのアーティスト的な夢を実現しようとしたのに、競争があまりに激しくてほんの数名しか生き残れないと思い知った無数の人々に加わった。娘三人を持つ父親として、ロドリゲスの暮らしは悲惨ではなかった。でも解体業ではつらい思いもした。

音楽のキャリアを捨てたロドリゲスは、自分が南アフリカですさまじい成功を収めているとは想像だにしなかった――ビートルズやローリング・ストーンズにも比肩する巨人、伝説になったのだ。人々はかれの名前をゆっくりと畏敬をこめて、崇拝すらこめて口にする。「ロドリゲス」。その音楽を「私たちの人生のサントラ」と評する南アフリカ人たちは、一九七〇年代からかれのアルバムを何十万枚も買っていた。南アのファンたちは、かれが音楽シーンから忽然と姿を消した理由について憶測した。なぜかれはレコード作りをやめてしまったのか？　ある噂では、ステージ上で焼身自殺したとか。『シュガーマン』は、デトロイトの無名の解体作業員の失敗したキャリアと、南アの謎のロックアイコンの名声を対比させたものだ。

この映画は現実に起きたおとぎ話で、ほとんど信じられない話であり、あまりにとんでもないので「これはでっちあげられる話じゃない」という表現そのものだと思ってしまうのは簡単だ。でもこれは一見したほどとんでもない話ではない。そして文化的な成功と失敗について重要な教訓を与えるものだ――そして『新たなる希望』を本当に後押ししたものについても教えてくれる。

まず、ある程度の品質は通常必要だというところは認めよう。ロドリゲスが本当にひどい曲ばかり書いていたなら、たぶん南アフリカでも成功しなかっただろう。でもしばしば、品質だけでは十分にはほど遠い（これで最初の仮説はおじゃんだ）。大きな文化的影響を持つほとんどのものだと、社会的な力学が決定的な要因になるし、そうした力学を自分に有利に動かすには、技能だけでなくちょっとした運も必要だ（反乱軍は『ジェダイの帰還』でまさにそうだったし、『シスの復讐』での皇帝もそうだった）。だれがだれに興奮を伝え、それがどのくらい強く、どこで、ずばりいつ伝えたのか？　その答えが、ロックアイコンと解体作業員とを分かつものになり、驚異的な成功と驚異的な失敗との境界を記すことになる。こうした力学を理解すると、成功や失敗がなぜ予想不可能なのかについて、いろいろわかってくる。

文化との共鳴

ここまできたら、第三の仮説に目を向けて、一九七〇年代の南アフリカ文化について敢えて仮説を述べてみたくなるかもしれない。ロドリゲスは、その反抗と自由と排除についての歌で、アパルトヘイトをめぐる論争で揺れていた国の特定の琴線に触れたのかもしれない。南アのロドリゲスの聴衆たち――圧倒的に若く、ほとんど白人――は、まさにロドリゲスを受け入れる用意が明確に、ひょっとして唯一無二の形でできていたのかもしれない。

たぶんちがうだろう。一九六〇年代末から一九七〇年代初頭にかけて、反抗や自由や排除をうたう優れた歌手はたくさんいた（当時、ほとんどの歌手の歌はこうしたテーマを扱っていた）。南アフリカで成功したのはロドリゲスだけだった。どうしてだろう？　なかなかはっきりしない。後から見れば、かれと南アとがことさらしっくりはまったと言えるだけだ。

この論点は、大成功をおさめた多くの製品について言える。事後的には、人々はこれぞ理由だという物語をでっちあげるし、それらはかなりもっともらしい。一九六〇年代の後で、世界は『スター・ウォーズ』を待っており、9・11テロの後で、世界は『ハリー・ポッター』や、それに『マッド・メン』や『ハンガー・ゲーム』やテイラー・スウィフトを待っていた。金融危機の後では、『ゴーン・ガール』はベストセラー確実だったし、『マッドマックス』はリメイクまちがいなしで、大ヒットするしかなかった、というわけだ。

確かに、最後の二つはまるで意味が通らない――でもそれこそまさに私の言いたいことだ。起こったことすべてについて、なぜそれが必然的に起こったかという説明はすぐに思いつける。でもそれが正しいかどうかなんて、わかりようがない。

すると『新たなる希望』は、南アのロドリゲスと似た存在だったんだろうか――有利な社会力学の恩恵をうけ、すさまじい大成功をおさめたということなんだろうか？　ちょっと状況がちがったりしていたら、『新たなる希望』はアメリカのロドリゲスになっていただろうか——不利な社会力学の犠牲になり大コケして、失敗した（でも名作もある）ＳＦ映画やテレビＳＦドラマの大量の集合に加わっていた可能性もあるんだろうか？（そうした好例としては『アウェイク～引き裂かれた現実』がある。二〇一二年のテレビドラマシリーズだ。あまりヒットしなかったけれど、見事で楽しいドラマだった。なぜあれは独自の南アフリカに出会えていないんだろう？　是非見てほしい！）

ミュージックラボ

数年前に、マシュー・サルガニク、ダンカン・ワッツ、ピーター・ドッズという三人の社会科学者たちが、文化的な成功と失敗という問題に魅了された。その出発点は、『新たなる希望』が大コケすると思った不運な人々のように、本や映画やテレビ番組や歌を売る人々は何が成功するかをなかなか予想できないということだった。それでも、そうした作品の一部は大成功をおさめ、平均をはるかに上回る——これはごく単純に考えれば、成功するものは、成功しないものよりもずっといいからだろう。そんなにいいなら、なぜ予想がそんなにむずかしいんだろうか？

専門家すら予想が難しいという具体的な証拠をいくつか挙げよう。一九九六年にＪ・Ｋ・ローリングの『ハリー・ポッター』シリーズ第一作の原稿は、なんと一二もの出版社に出版を拒否された。やっとブルームスベリー社が刊行に同意したものの、先渡し金は些少（一五〇〇ポンド）だった。今日に至るまで、このシリーズは世界で四・五億冊も売れている。なぜこの一二もの出版社のうち、一つでもその可能性を見抜けなかったんだろうか？　どうして激しい競りが起こらなかったんだろうか？

文化の成功と失敗の原因を探るため、サルガニクらは人工的な音楽市場を、ミュージックラボと名付けた本当のウェブサイト上に作ってみた。このサイトは人々に対し、無名のバンドによる無名の四八曲を聴く機会を提供した。たとえばある曲は、ケールファクションというバンドによる「ミカンの皮に捕まった」というものだ（うん、私も最悪のタイトルだと思う）。別の曲は、ハイドローリックサンドイッチの「別れの不安」という。

実験者たちはこのサイトにおとずれた一万四〇〇〇人ほどの半数をランダムに「独立判断」グループに振り分けた。そしてかれらは様々な曲の短い一部を聴き、歌を採点して、それをダウンロードするか決めて欲しいと言われた。訪問者のうち七〇〇〇人ほどに対して、サルガニクらは人々のいちばん気に入ったものをすぐに判断できた。残り七〇〇〇人は「社会的影響」グループに分けられた。これはさっきとまったく同じだが、一つだけちがうことがある。他の参加者たちがそれぞれの歌を何回ダウンロードしたか見られるのだ。

そしてここがこの実験の創意工夫になる。社会的影響グループの人々は、さらに八つのサブグループに割り振られ、それぞれでは自分のサブグループ内でのダウンロード数しか見られない。

サブグループがちがうと、ランダム要因によって曲ごとの当初のダウンロード数もちがってくる。たとえば「ミカンの皮に捕まった」はあるサブグループでは最初の数名のリスナーに大いに支持されても、他のサブグループでは鳴かず飛ばずかもしれない。

実験のテーマは次の通り：この研究者たちのヒットパレードでそれぞれの曲が何位になるかは、この最初のダウンロード数に左右されるだろうか？　品質こそが常にモノを言うと思う人もいるだろう——ダウンロードのランキングで見た曲の人気は、独立判断グループでも、社会的影響グループ八つでもだいたい同じになるだろう、というわけだ。この予想は最初の仮説に適合する。『スター・ウォーズ：新たなる希望』は成功が運命づけられていたというわけだ。

でも、結果はまったくちがっていた。「ミカンの皮に捕まった」は、他の人々が最初にダウンロードしたか、あるいはその結果が見られるようになっていたかに応じて、大ヒットになったり、大コケしたりした。要するに、すべては最初の人気次第だった。どんな歌でも、最初の訪問者が気に入ったかどうかで、南アのロドリゲスになることもあれば、アメリカのロドリゲスになることもあった。重要な点として、一つこれにはただし書きがつく。独立判断グループでトップ級の成績をあげた曲は、他のグループでもあまり低ランキングにはならなかったし、独立判断グループで最低だったものが、社会的影響グループで大ヒットしたこともあまりなかった。でもそれ以外はなんでもありだった。

こうした結果についての慎重な解釈を述べよう。一部の商品は本当に成功が運命づけられていて、他は失敗が運命づけられている。ある歌が本当にすごければ、ヒットする。モーツァルト、シェイクスピア、ディケンズは成功必至だった(そして『スター・ウォーズ：新たなる希望』もそうかもしれない)。もし歌がひどければ、大コケする。才能がないならあきらめろ、でも、かなり成功したりまるで成功しなかったりする歌の幅はとても広く、その幅の中ではまったく予想がつかない。音楽の場合、すべては社会的影響次第のようだ——まさに現実世界でのクローン軍団の攻撃のようだ。

ミュージックラボ実験の解釈としてはこれもありだが、私はこれはあまりに慎重すぎると思う(サルガニクらもそう考えている)。そりゃもちろん、ひどい歌や映画や本はあまり成功しない。でも最高のものが成功を運命づけられているとは言えないかもしれない。成功を運命づけられるものなどないのだ。結局のところ、ミュージックラボ実験は厳しくコントロールされていた。四八曲しかなかった。現実の市場には無数の曲がある。そしてそうした現実世界の市場では、メディアの注目、批評的な評判、マーケティング、タイアップ広告が大きな役割を果たす。『スター・ウォーズ：新たなる希望』に最初の拍車をかけた、チャーリー・リピンコットの重要な仕事を思いだそう。

最終的な結論には到達できていないながら、第二の仮説——『スター・ウォーズ：新たなる希望』の成功は、有利な社会的影響という形でのツキによるものだったというもの——がだんだん説得力を増しつつあるようだ。

カッコウ

J・K・ローリングに戻って、『カッコウの呼び声　私立探偵コーモラン・ストライク』の物語を考えよう。これは生き生きとした胸打つ探偵小説で、二〇一三年に無名作家のロバート・ガルブレイスが発表したものだった。すばらしい書評はもらったものの、あまり売れなかった。評価は高くても、商業的には失敗で、どうやら多くの文芸的なロドリゲスの道をたどりそうだった――優秀、いやそれ以上かもしれないけれど、大ヒットはできないというわけだ。ガルブレイスは作家業をあきらめて、解体作業員になるかもしれない。

でもまもなく、ちょっとした情報が公開された。「ロバート・ガルブレイス」は、実はJ・K・ローリングなのだ！

『カッコウの呼び声』は一瞬でベストセラーになった。それだけの価値がある作品とはいえ、ローリングの名前という魔法がなければ絶対にベストセラーにはなれなかっただろう。もちろんこれはミュージックラボとは話がちがう。『カッコウの呼び声』がヒットしたのは、最初の読者数名に気に入られたからではない。でも話は似ている。その中身はどうあれ、この小説は何らかの社会的後押しが必要で、ローリングの名前がそれを実現した（またこの小説がひどいものなら、ローリングの名前があっても苦労したということは指摘しよう。品質は不可欠だった）。ガルブレイス／ローリングは、『カッコウの呼び声』に続いてさらに二作を発表している（二〇一六年現在)。どちらもすばらしいし、是非読んでほしい。でもこれらが大ヒットしたのも、ローリングの名前なしにはあり得なかっただろう。

まだ納得できないって? サルガニクとワッツによるいたずらっぽい実験をみてほしい。この実験はミュージックラボの研究を援用している——でもダウンロード数の数字は捏造で、一番人気のない曲を人気があるものと人々に思わせる、人気のある曲が不人気と思わせるようになっていた。品質こそが本当の要因なら、最悪の曲はいずれ順位が急落し、最高のものがいずれトップに上がるはずだろう。そういうことがまちがいなく起こるはず、ですよねえ?

いやいや。数字をひっくり返すと、サルガニクとワッツは最悪の曲を大ヒットにできた。またほとんどのトップの曲を大コケさせられた。ここでも、最初の実験と同様に、人々は他の人が気に入っているように見えるものにかなり注目するし、人気に関する情報が結果を実に大きく左右する、というのが教訓となる。それでもここでのひねりは、本当に最高の曲 (ここでも対照実験の伝統に基づき、実際に人気で計測したもの) は常にかなりの好成績だったということだ。社会的影響でも、その人気を抑えることはできなかった。

これはとても示唆的な結果だ。でも現実世界でこれが成立するだろうかと考えるべきだろう。仮にだれかが『スター・カーズ』とかいうひどい映画を作り、それが早い時期にそこそこ話題になったとしよう。短期的にはそうであっても、その映画は人気が急落するはずだ。ロバート・ガルブレイスはすばらしい小説を書いたけれど、ローリングがそれを書いたという話が出るまでは、そんなに売れなかった。

「水に刻まれた名」

偉大な文学者を挙げるなら、まちがいなくウィリアム・ワーズワース、ジョン・キーツ、ジェイン・オースティン、ウィリアム・ブレイクは挙がるだろう。同じくまちがいなく、ジョージ・クラブ、ロバート・サウジー、バリー・コーンウォール、リー・ハント、メアリー・ブラントンは挙がらないはずだ。でも H・J・ジャクソンによる文学的評判に関する重要な研究を見ると、トップの中のトップ作家においてすら、偶然、状況、ツキが多大に作用していることがわかる。

品質面での評価で言うなら、ワーズワース、クラブ、サウジーは存命中は同格とされていた。同じ事がキーツ、コーンウォール、ハントについても言えるし、オースティンとブラントンについても言える。かれらの同時代人に、二一世紀になっても名前が残っているのはどれかと尋ねたら、ワーズワースやキーツやオースティンを支持するようなコンセンサスは生じないだろう。

ジャクソンは、キーツは史上最も愛されている詩人に挙げられるかもしれないと述べる――でもキーツは晩年には、いささか悲痛な文芸的名声を求める活動のあとで、自分が完全に失敗したと考えており、墓石には名前を彫らずにこんな哀れっぽい碑文を刻んでくれと遺言している。「ここに眠るのは、水に刻まれた名しか遺せなかった者」。キーツの時代には、コーンウォールがはるかに成功していた。かれは大詩人とされ、キーツは「無関心か敵意」に直面した。

キーツが死後数十年たって、意外にも名声を獲得したことについて、ジャクソンはこう書く。「どうやらかれの名声は、特定の個人の努力ではなく、集団の努力、似たような嗜好の知り合いたちが、小規模に始めた集合的なおしゃべりが、後に名声の喧噪に発展したようだ」（キーツは南アフリカのロドリゲスのようなものだったのか？）純粋な詩的品質からすると、コーンウォールの長所も短所もキーツと大いに重なっている（コーンウォールはアメリカでのロドリゲスのようなものだったのか？）。

ジャクソンの驚くべき結論は、かなり説得力のあるものだが、「評判に関する限りかれらの間の差はおおむね個人的で偶然によるものだ」。最低でも、「キーツを軽視したのと同じ読者層の間でのバリー・コーンウォールの成功をめぐる問題」は解決する必要がある。実際、同時代人たちはコーンウォールがキーツよりはるかに優れているとしていた――そしていまや無名のハントは、その両方より上だった。そして専門家の意見に興味があるなら、ワーズワース、サミュエル・テイラー・コールリッジ、バイロン卿はみんな、この三人のうちコーンウォールをいちばん高く評価していたことがわかる。

時代とともに変わる評判で言えば、ジャクソンは反響室《エコーチエンバー》効果をことさら重視する。これは作家のイメージを集約してしまう。当時、メアリー・ブラントンとジェイン・オースティンは同じくらいの評判だったが、前者はもちろん忘れ去られた。ジャクソンは、「ブラントンに起こったこと――だんだん名声が薄れて消え去っていった――はオースティンにも十分に起こり得た」と主張し、それを実証する。長く忘れられていた（そしてすばらしい）ブレイクでさえも、きわめて考えにくく複雑な名誉回復プロジェクトの受益者で、その活動でギリギリのところで文芸的な忘却から救われたのだった。当時、かれの仕事は「同時代人たちにはほとんど知られていなかった」。ジャクソンの結論は、「長期的な生存は内在的な文芸価値よりは、外的な状況と偶然の長所に大きく依存している」というものだ。

最も有名な文学者たちは、実際に無名の人々より優れているのかもしれない。でもそうでないかもしれない。ちょっとしたきっかけで、文学の名声はクラブ、ハント、ブラントンを重視していたかもしれない。かれらは本当にデトロイトのロドリゲスだったり、『カッコウの呼び声』の無名作者だったりするのかもしれない。

群集の活動

ミュージックラボに戻って、そこで何が起きたか説明を試みよう。これから見る通り、その説明はスター・ウォーズ・シリーズの成功に直接関係している。

ネットワーク効果

自分一人で楽しめるものもある。日差しの中の散歩や、コーヒーや、ちょっと泳いだりするのが好きかもしれない。これはたった一人でもそうかもしれないし、一人ならなおさら楽しいのかもしれない。後ろめたい快楽もある。馬鹿げたテレビ番組が好きで、他のだれともいっしょに観たくないかもしれない。でもときには、ある財の価値は、他にそれを使う人がどれだけいるかで決まってくる。世界で自分しか電話を持っていなければ、電話があってもあまりおもしろくない。人々がフェイスブックをやたらに使うのは、フェイスブックを使う人が多いからだ。フェイスブックがネットワークを構築できなければ、失敗しただろう。ネットワーク効果は利用者の数に伴い価値が上がるときにだけ存在する。

スター・ウォーズは電話とはちがうが、ネットワーク効果に大いに恩恵を受けている。それは人々が是非知っておくべき文化財の一つだ。その内在的な価値とはまったく別に、スター・ウォーズについて知っておくと便利だ。他の人との話題になるからだ。カイロとかハンとかパルパティーン皇帝とかレイとか、あるいはチューバッカの話をみんながしているときに、ぼんやり目をそらすのはあまりおもしろくないだろう。みんながスター・ウォーズが好きで注目していると思うなら、あなたもそこに参加したい何よりの理由がある。仲間はずれにはなりたくないのだ。みんなの仲間に入りたい。

アリオン・バージャーは、「文化的な恍惚に参加するのは楽しい」と述べる。スター・ウォーズはまさにそうしたものだ。アン・フリードマンはこう表現する。「最終的には、自分が『フォースの覚醒』を見に行くのは友だちみんなが観に行くからで、他のみんなの友だちも観に行くからだ、ということに気がつきました。私はますます珍しくなる現象のただ中にいたのです。真の大衆文化的なイベントなのです」

『フォースの覚醒』初の予告篇公開から二四時間以内に、それはすでに八八〇〇万回も再生された。これは史上最高記録だ。多くの視聴者は、予告篇そのものを観るよりも、他の人と話題にしたいがために予告篇を観たのはまちがいない。バージャーが述べるように、スター・ウォーズは「カルト的な人工物でもあり、驚くほど人気のある現象でもあった」。文化的分断の時代にあって、これはなかなかの技だし、社会的に貴重とすら言える。そうした時代にあって、人々はスター・ウォーズが気に入ったのだ。それが必要ですらあるのかもしれない。

情報カスケード

文化的な成功の重要な説明、『新たなる希望』と『フォースの覚醒』の両方に関係するものは、あまり美しくない名前がついている。情報カスケードだ。世の中にはとにかくあまりに製品が多すぎるし、アイデアも多すぎる。そのすべてを選り分けられる人はどこにもいない。最近読み終えたその小説、それを選んだ理由はずばり何ですか？　どうしてその政治家について支持したり、興奮したりしてるんですか？　通常、われわれは他の人の考えること、あるいは考えているように思えることに頼る。そして多くの人が何かを考えたりやったりすると、われわれもおそらく影響される。

情報カスケードの仕組みをみるために、読書会に七人が参加していて、どの本を次に読もうかと決めあぐねていると仮定しよう。その集団は、一人ずつその考えを述べることにする。どの人物も、正当なことに、他の人の判断に耳を傾ける。最初に口を開くのはレイアだ。ロバート・ガルブレイスの新作を試すべきだと彼女は言う。フィンはいまや、レイアの判断を知っている。その本がいいと思うなら、まちがいなく彼女に追随すべきだ。でも、いいかどうか本当に知らなかったとしよう。レイアを信じるなら、あっさり賛成すればいい。ガルブレイスを試してみよう。

さて今度は三人めのルークだ。レイアとフィンの双方がガルブレイスを読んでみようと言ったとしよう。でもルーク自身の見方は、限られた情報に基づき、その本はどうもあまりよさげではない、というものだ（ルークはまちがっている。ガルブレイス／ローリングの作品はすばらしい。でもその点は棚上げしよう）。ルークはそうした見解でも、自分の知識を無視してあっさりレイアとフィンに追随するかもしれない。理由は別に、ルークが臆病だからではない。結局、レイアもフィンも、ガルブレイスを推す理由があるようだ。自分の情報のほうが本当にかれらより優れていると思わない限り、追随したほうがいい。

その場合、ルークはカスケードの中にいる。確かに、ルークはレイアとフィンの言うことが馬鹿げていると思うだけの理由があるなら、反対するだろう。でもそれだけの根拠がなければ、追随するだろう。

ハン、チューバッカ、ビッグス、レイが続いて意見を述べるとする。レイア、フィン、ルークがみんな、ガルブレイスを読むべきだと言ったら、残りはみんなおそらく、別の選択肢のほうがいいと考える理由があったとしても、おそらくガルブレイスを推すだろう。この例でのポイントは、レイアの最初の判断で始まったプロセスにより、多くの人々がカスケードに参加するよう仕向けられる、グループ全員がガルブレイスを推すようになるということだ（これから見る通り、政治運動は反乱やレジスタンスを含め、こうした形で始まる）。

これはもちろん、きわめてわざとらしい例だ。でも基本的な論点ははっきりしたはずだ。人々は他人から学ぶ。そしてある人が何かを気に入っているようなら、何かをしたがっているようなら、同じモノを気に入ったりやったりする手もある。少なくとも、かれらを信じなかったり、その意見がまちがっていると考えるいい理由がなかったりすればそうなる。

情報カスケードは脆いのが通例だし、それが人々を悪い方向に導いていたら、すぐに壊れる。この小さな読書会が悪い本を選んでしまったら、すぐに判るし、他の人と話をするなら、他の集団はおそらくその本を読もうとはしないだろう。噂はすぐに広まるし、それでカスケードは不可欠であると同時に、とても脆いものとなる。『新たなる希望』は情報カスケードに大いに恩恵を受けたけれど、すばらしい作品でなかったら、単なる流行で終わっていただろう。

評判カスケード

他人の意見に耳を傾けるのは、何がいいかを知りたいためかもしれない。でもときに本当に求めているのは、他人に気に入ってもらうか、少なくとも嫌わないでもらうことだったりする。だからこそ、他人の見方や行動に従うのだ。ほとんどの人が新しい歌や映画に夢中なら、自分も夢中になってみせたほうがいい——少なくともそれを聴いたり観たりするほうがいい。根底にある論点は、準拠性だ。

評判カスケードでは、人々は自分が正しいことや正しそうなことを知っていると思っているのに、それでも他人によく思われたいので、群集の意見に追随する。仮にボバが、スター・カーズの新作がすごいぞと言い、カイロもボバに同意するけれど、でもそれはボバが本当に正しいと思っているからではなく、ボバに間抜けとかバカとか思われたくないからだとする。ボバとカイロが、スター・カーズの新作がすごいと言えば、レイもそれに公然と反対することはなく、むしろ同意見のようなふりをするかもしれない——その判断が正しいと思うからではなく、相手を怒らせたり好意を失ったりしたくないからだ。

このプロセスがスター・カーズ支持のカスケードを生み出しかねないのはすぐわかるはずだ。ボバ、カイロ、レイがこの問題で統一戦線を張れば、友人のポーは、それに賛成できなくても反対しづらいだろう。ボバ、カイロ、レイが共有しているらしき見方は情報を含んでいる。その見方が正しいのかもしれない。でも、ポーとしてはかれらがまちがっていると信じるだけの理由があっても、それを公然とは表明したくないかもしれない。そこで何も言わなければ、その後の人々に対しては評判上の圧力が高まることになる。

有名だということで有名に

これで『新たなる希望』成功の三つの仮説が出そろった。残念ながら、私はどれか一つを選ぶことはとてもできない。それぞれについて、支持する意見を述べることにしよう。

史上最高の映画？

品質の問題から始めよう。リリース後に『新たなる希望』はもちろん、すぐに何か特別なものだと認知された。成功の説明としてこれを無視するわけにはいかない。実は、事前にそれを気に入っていた人も少しいた。フォックスの重役たちは、腹が決まらないか否定的だったのはみた。でもその一人、ギャレス・ウィガンが限定試写で涙を流し、「『新たなる希望』は自分が観た最高の映画だ」と結論づけた。数週間後の限定試写では、スティーブン・スピルバーグがすぐにそれを「これまで製作された最高の映画」と評した。

観客たちの興味は早い時期に爆発した。つまり社会的影響よりはむしろ、そのすばらしさに対する人々の認知こそが発端だったということだ。一般向けの初上映で、観客たちは冒頭から声援を送った――そして最後のクレジットロールまで止めなかった。リピンコットが上映契約に苦労したコロネット劇場では、街区を一周するほどの行列が続いた。館長はその様子をこう述べている。「老いも若きも幼きも、ハレクリシュナの集団も。行列中に遊ぶトランプを持ってきている。チェッカーをやる人も、チェスをやる人も。顔に絵の具やラメを塗る人も。これまで見たことのないほどのフルーツを食い、みんな大麻やLSDで舞い上がっている」

ロサンゼルスのアヴコ劇場では、館長は戦没将兵追悼記念日の週末に、五〇〇〇人の入館を断らねばならなかったと述べる。そして鑑賞希望者たちが行列に加わる前から、都市部の劇場のまわりには完全な渋滞ができて、鑑賞に車ででかけるのは実質的に不可能になった。

一般に、当初のレビューは圧倒的に好意的であり、中には熱狂的なものすらあった。有力な『ニューヨーク・タイムズ』の映画評者ヴィンセント・キャンビーはこの映画を「これまで製作された最も入念で、最も高価で、最も美しい映画シリアル」と評した。『サンフランシスコ・クロニクル』の絶賛レビューはこれを「『2001年宇宙の旅』以来最も視覚的にすさまじい作品」と評し、同時に「その視野と範囲において、おもしろいほど人間的」と述べた。『ニュースデイ』のジョセフ・ゲルミスはもっと先に行って、スター・ウォーズを「史上最高のアドベンチャー映画の一つ」と述べ、「エンターテインメントの傑作」と評した。

通俗雑誌は、映画についてだけでなく、この現象についても記事を掲載した。「テレビ番組のニュースはすべて、この驚異の映画を観ようと行列を作る群集について報じた」同年のアカデミー賞で、スター・ウォーズは一〇部門で候補になり、最優秀映画でも候補になった。そして七部門で入賞した。何十年もたって、無数の監督たちはこの映画を観て（専門用語で言うと）圧倒されたと回想している。

リドリー・スコットは、「あまりにインスパイアされたので自分で自分を射殺したくなった」

という。ピーター・ジャクソンは「スター・ウォーズを観に行くのは、生涯で最も興奮する体験の一つだった」という。ソール・ゼンツ――傑出したプロデューサーでその後アカデミー賞を三つ獲得――の感動がいちばん大きかったかもしれない。『バラエティ』誌に一ページもらって、かれはルーカスとそのチームへ公開書簡を出し、「完璧な映画を生み出した」ことを誉め称えた。「全世界がきみたちとともに喜ぶだろう」

ある世代を代表して、ジョナサン・レセムがその感情をこのように捉えている。

一九八七年の夏、私はスター・ウォーズ――オリジナルのやつで、ここで論じたいのはこれだけだ――を二一回も観た。（中略）でもその体験の秘密の中で実際に何が起きたんだろうか？　そのとんでもない長時間の神殿の中でどんな感情がわき起こったのか？　いったい自分は何を考えてたんだろう？（中略）私はずっとすでにスター・ウォーズ・マニアだったのだ。

偉大なレセムを上回るのはむずかしいが、トッド・ハンソンはまさにそれをやった。

スター・ウォーズがそれまで出会ったどんなものよりも優れているというのは、もう単純明快、説明不要、自然の不可侵の事実なのだった。とにかく自明で、ガキどもはお互いにそんなことを言う必要もなく、とにかくそれがわかって理解されていた。優れているどころじゃない、はるかに優れている、一〇倍、二〇倍も、それまで観た最もクールなものがなんであれ、それよりも優れていた（中略）二位に置くべきものがなんであれ、それを見る影もないものにした——二位なんて目にも入らない。二位なんてページ最下段よりはるか下だった。

するとこの映画は結局、成功するしかなかったのかもしれない。ミュージックラボ実験での「独立判断」の条件を思い出そう。人々が、他のだれの意見も見ずに自分で腹を決めた場合だ。人々が孤立して映画を観て、他の人の考えを学ばずレビューも読まなくても、『新たなる希望』がやはり大ヒットした可能性は高い。

確かに、疑問の余地はある。そうした条件下では、人々はスター・ウォーズについて知りようがなかったのでは？　でも筋の通った人々は、『新たなる希望』はミュージックラボ実験の最高の歌とかなり似ていると論じることはできる。つまり、初期の段階で何が起きても、それらは上位に入ったのだ。あまりにオリジナリティが高く、クールで、驚異的だからだ。

秘密クラブ？

その可能性はあるが、二番目の仮説も考えよう。社会理論家のダンカン・ワッツ（ミュージックラボ論文の共著者の一人）などは、成功を運命づけられたものなど基本的にないと考える。最高の作品ですら社会的影響の恩恵は必要だ。まちがいない。シェイクスピアやダ・ヴィンチだってそれが必要だったのだ。

『新たなる希望』の場合、情報カスケードは大きく作用したし、評判カスケードもあったし、ネットワーク効果が大いに効いた。メディアはそうしたカスケードに拍車をかけるし、ジョージ・ルーカスのためにまさにそれをやってくれた。映画プレミアのまさにその日、『ワシントン・ポスト』の映画評は、それが「圧倒的に人気が出て」大成功し、「『ジョーズ』のすさまじい人気にも肉薄する」と述べた。『ジョーズ』は見方次第では、それまでの最も成功した映画の一つだったのだ。公開からたった五日後、『タイム』誌はそれを「今年最高の映画」と述べた。

二番目の仮説の論点は、その成功が自己成就的なものだったということだ。封切りの週末から、スター・ウォーズ人気についての物語や、それがひきつけるすさまじい行列が、全国のあらゆるニュースで報じられた。六月に『バラエティ』は、スター・ウォーズ上映館の電話番号を尋ねる要求で、電話交換手が疲弊しているという記事を載せた。交換手たちは、一時間に一〇〇件もの問い合わせを扱うので、電話番号を暗記してしまったという。

文字通りのネットワーク効果さえあった。CBSニュースのアンカーであるウォルター・クロンカイト――アメリカで最も信頼されている、アメリカの声だ――は通常は映画の話はしないし、ましてケッセルランだのジェダイの騎士だのを扱ったものはとりあげない。でも夏の初頭にスター・ウォーズに時間を割いた。ちょうどミュージックラボと同じく、当初の人気が追加の関心を引き起こした。

　このシリーズの公式記録人J・W・リンツラーによると、夏の間、スター・ウォーズ向けに続いた巨大な行列は「かなりの部分が個人的なコミュニケーションによるものだった」という。魅力的で力強い研究で、クリス・テイラーは第一週のファンは「SFコミュニティの口伝」が惹きつけ、「絶賛レビュー」が二週目と三週目の観客をもたらしたが、「戦没将兵追悼記念日以後の群衆は、群衆の規模に関するニュース報道がもたらしたものだった」と書く。これは古典的なカスケードの記述だ。

　テイラーが述べるように、スター・ウォーズは「興行収入の総計以上のものだ。それは有名だということで有名だったのだ」。かれは初期のネットワーク効果を羅列する。それを使えば本が一冊すぐに書けるだろう。映画を観た人は「変な響きの名前やキャッチフレーズを知っていた」。かれらは「フォースについて知っている秘密クラブに参加したのだ。フォースが何かについては、みんなが別の理論を持ってはいたのだが」。スティーブン・コルベールはスター・ウォーズを観たあとで、友人たちと学校に戻ったが「いまやすべてがちがっていた」と述べる。またもアン・フリードマンを引こう。「それは断片化した観客たちに、文化や世代の境界を超える、何か大きなものの一部になるのがどんな気持ちかを思い出すチャンスを与えてくれる。（中略）自分のニッチな世界を出て、真に普遍的なものをときに体験するのはよいことなのだ」

時代精神に完璧に適合？

でもスター・ウォーズは時代精神ともつながっていたのだろうか？　その特定の時代に特別な共鳴をしたのだろうか？　ルーカスは、意図的にか偶然にか、人々が当時求めていたものを製作したのだろうか？

そう考える人は多い。ある見方では、スター・ウォーズはアメリカの人々が、一連の意気消沈する出来事にトラウマを生じさせ、何か気分の盛り上がる神話を痛切に必要としていたときに登場したという。映画評論家A・O・スコットは、スター・ウォーズの成功が「人口と社会的な力の必然的な産物に見えるものを代表している」と主張して、この広く広まった見方を捉えている。テイラーもまた、スター・ウォーズ公開の日にダウは一六カ月で最低水準にあり、ニクソン大統領がデヴィッド・フロストにインタビューされ、「ベトナム戦争の指紋がいたるところにあった」と述べる。神学者デヴィッド・ウィルキンソンは、米国経済の沈滞、エコロジー的な懸念の台頭、ベトナムの生々しい記憶、冷戦が引き続きもたらす危険、ウォーターゲート、宇宙計画の後退を、スター・ウォーズ成功の気運を創り出した原因として指摘する。

ドキュメンタリー番組『スター・ウォーズ：解明されるレガシー』で、ジャーナリストのリンダ・エラビーは「当時のアメリカは希望に満ちた時代ではありませんでした。（中略）みんなシニカルで、失望し、原油価格が高騰し、政府にはがっかりさせられていたんです」と述べる。ニュート・ギングリッチに言わせると「米国は必死で真の変化を求めていたんだ。スター・ウォーズがそこへやってきて、核となる神話を再確認してくれた。善と悪があり、その悪を打倒しなければならないと」。実際、大統領ジミー・カーターが放送で米国国民に「犠牲を払い」「倹約して生きろ」と訴えている時代にあって、アメリカ人たちが遠い昔、はるかかなたの銀河系で行われるすてきな冒険を歓迎するのも当然だったかもしれない。

が、そうでないかも。時代精神を強調する文化的な説明は、単に必死のこじつけかもしれない。その理由を考えるには、ちょっとしたコンテストをしてみよう。

一九七七年五月末のアメリカの独特な状況に照らし、『新たなる希望』がまちがいなく成功した理由は［ここを埋めなさい］。

経済を指摘してもいい。株価、インフレ率、失業率などだ。国際情勢を挙げてもいい。冷戦、ソ連、中国、キューバ。ウォーターゲートとその後遺症。公民権運動について述べてもいい。テクノロジーについて話してもいい——国家的な熱狂とそれに対する愛憎半ばの気分だ。一つの見方だと、『新たなる希望』はこうしたものすべてに対応しており、だからこそ成功まちがいなしだった。

こうした説明のどれ一つとして、まちがっていると証明はできない。問題は、正しいと証明することもできないということだ。その理由を見るには、同じコンテストをしてみて、でも日付を二〇一五年一二月に変えて、映画を『フォースの覚醒』にしてみよう。空欄を埋めるのに、二〇〇八年のリーマンショックやイスラム国台頭、テクノロジーについての新しい懸念や政治的な両極化などへの言及を入れるのは簡単だ。人々は気分の高揚を求めていた！　そして『フォースの覚醒』は確かにそれを与えてくれた。でもこの説明は正しいのか、それともお話、いやおとぎ話に過ぎないのだろうか？

何が問題かを見るには、『新たなる希望』やそれにかなり似たものについて、時代の映画製作についてのちょっとした補正を加えたうえで、一九五七年、一九六七年、一九八七年、一九九七年、二〇〇七年、二〇一七年、二〇二七年にリリースされたと考えよう。ヒットしたか低迷したか？　ヒットしただろうと私は思う。もしそうなら、賢い人々はこのコンテストで楽々と勝てただろう。［任意の年］年五月末のアメリカの独特な状況に照らし、『新たなる希望』がまちがいなく成功した理由は［ここを埋めなさい］。時代精神がどうあろうと——ある程度の限度はあるだろうが——『新たなる希望』はいつでも大成功したことにできてしまう。

要するに、ある製品がその見事なタイミングで成功したというとき、それは正解かもしれないが、単にお話を創っているだけで、何も説明していないかもしれない。そうした「タイミングが完璧だった」という説明の危険性は、ランダム化対照試行のできない本、音楽、映画の場合には大きくなるし、成功が経済の沈滞とか経済の上昇のせいだったとか、公民権運動とかテロ攻撃のせいだとか言うのが簡単になってしまう。簡単ではあっても——正しいのか？

オチ

かなりの範囲をカバーしたので、おさらいを。

一部の文化的産物は、ミュージックラボ実験での勝者に現実世界で対応するものだ。事後的には、その成功が不可欠だった、だってすばらしいからで、みんな、あるいは多くの人がそれをすばらしいと思うはずだ、となる。でも、そうしたものは初期の助けが必要だ。それがないと、シクスト・ロドリゲスや初期のロバート・ガルブレイスになってしまう。『新たなる希望』はその初期の助けを得られた。リリース直後に、有名だから有名になって、人々はみんながそれを観ているらしいということで、観たがった。一九七七年以来、それが幸運だった。分断化された世界で、人々は仲間はずれになりたくないからスター・ウォーズを観た。『モナリザ』と少し似ている――実に有名で、名作以上の存在だけれど、ある文化規範（「これは必見」）の恩恵を受けていて、それは必然とはほど遠かった。

製品によっては、ずばり適切な文化的瞬間にやってくるので成功することもある。ボブ・ディランは最高だし、私から見れば天才だ。でもその才能と嗜好は一九六〇年代初期に見事に適合していた。「風に吹かれて」「はげしい雨が降る」「ライク・ア・ローリング・ストーン」――すべてリリース時の時代に見事に適合した。一九四〇年代や一九五〇年代初期なら、汚いとかどうしようもなく混乱していると思われただろうし、一九七〇年代や一九八〇年代なら、（最初の二つの歌は）ナイーブか、（三番目は）気取っていると思われただろう。

確かにディランは天才で、表情を巧みに変え、変身を繰り返すとすら言える。そのため、何十年も前や後に生まれても、何か偉大なことを成し遂げたかもしれない。でもディランが天才だとしても、かなりのツキと、かなりのネットワーク効果がなければ、文化的な共鳴があっても当時ですら大成功はできなかっただろう。そして、その時代との独特の適合ぶりが、実際に成功したあのボブ・ディランには不可欠だったのはまちがいない。

でも『新たなる希望』は時代の文化との特別なつながりについて語るには、あまりに驚異的すぎて、そんな必要がないし、またそんなものを語ってもあまり役に立たないのかもしれない。オープニングの場面で、インペリアル級スター・デストロイヤーが出てきて、とんでもなく巨大に見えるのを思い出そう。本物に見える。下からそれを見る。観客は自然に歓声を上げる。映画が終わる頃には、もっと歓声をあげたくなる。人々のツボをついてくるのだ。みんな歓声を上げ続ける。

確かに、カスケードやネットワーク効果の恩恵はあった。確かに一九七〇年代末の文化と共鳴はした。でもスター・ウォーズはまちがいなく頭角をあらわしたはずだ。あまりに優れているから。

エピソードⅣ：スター・ウォーズを見る一三の視点
キリスト教、エディプス、政治、経済、ダース・ジャー・ジャー

覚醒があった。お前は感じたか？

——スノーク

政治的プラットフォームや宗教的記述とちがい、スター・ウォーズはどう考えろと教えてはくれない。考察を招くのだ。その理解の仕方もちがった、矛盾さえした形でできる。そりゃもちろん、フォースは力場だ（だれだって知ってる）。でもそれは神様か、少なくとも何か霊的なものなのか？　人間がそれを作るのか？　自然の一部なのか？　光の面と暗黒面との関係はずばりどういうものなのか？　フォースの「バランスを回復」ってどういう意味？

このサーガはスタンリー・キューブリックの（耐えがたい！　深遠ぶってるだけの！）『2001年宇宙の旅』とはちがい、まったく理解不能ではない。でもどんな英雄の旅も、複数の意味を持てる。それがスター・ウォーズ最高の特徴の一つだ。それがもっと説教じみたり閉鎖的だったりしたら、ずっとつまらなくて、いまのように共鳴した可能性はずっと低いだろう。

オープンテキスト的な作品では、解釈行為――自分自身の創始したテキストを書き続けている人々の行為も含む――は創造的な性質を持つ。それは単なる発掘ではない。選択がからんでくる。確かに、どんな解釈も材料と合致する必要はある。スター・ウォーズが実は赤字財政の邪悪についてだとか、気候変動問題についてだとか、最低賃金引き上げの重要性を示す映画だ、とかいうのは容易ではない。でも解釈する人々は、それが自分自身の最も奥深い懸念に適合するような形でそれを理解する余地をかなり持っている。

ウォーレス・スティーブンスにはお詫びと敬意を示しつつ、ここではスター・ウォーズを見る一三の視点を挙げよう。ほとんどは映画の中に納得できるだけの根拠を持つ。いくつかはトンデモだが、それでもかなり頭がいいものだし、ある意味で最高の解釈とすら言える。

1　キリスト教

このシリーズは、実はダース・ベイダーの悲劇についてではなく、基本的に犠牲、愛、贖《あがな》いをめぐるキリスト教的な物語なのだ、と主張はできる。結局のところ、アナキン・スカイウォーカーは処女懐胎の産物だ。人間の父は持たない。キリスト的な人物で、人類の罪のために死ぬ。かれはその罪の化身でありシンボルだ。キャンベルの単一神話を活用しつつ、ルーカスはイエス・キリストの生涯をとても想像力豊かに再構築し、そこではイエスという人物が罪人であり、かれ自身は最後の最後までサタンに抵抗できず、そこですべてを子供のために（そして象徴的にあらゆる子供たちのために）犠牲にする。

サタンのリンゴというのは、（愛する者のための）不死の約束だったのを思いだそう。ヘビはそうやってアナキンを誘惑し、自分の魂をあきらめろと説得する（つまりここにはファウスト的な取引もある）。でも自分の命を犠牲にすることで、アナキンは大いなる誘惑者を打ち破り——そしてその過程で自分の魂を取り戻す。息子を愛しサタンを殺すことで、かれは地上の平和を回復する（だから『新たなる希望』と『フォースの覚醒』のエンドロールに世界平和が現れるのは偶然ではない。そしてキリストはもちろん贖罪者だ）。

これは基本的にキリスト教の物語となる。「このように、いつまでも存続するものは、信仰と希望と愛と、この三つである。このうちで最も大いなるものは、愛である」（「コリント人への第1の手紙」13章13節）

あるいはルークが本当のキリストなのかもしれない。息子だ。若き日々を、荒野に等しいもの（農場）で過ごしたかれは、究極的には自分の自律性を犠牲にして、ある意味で自分の命を犠牲にして、人類に尽くした。スター・ウォーズはひょっとして、独自の聖なる三位一体を持っているのかもしれない。アナキン、パドメ、ルークだ。スター・ウォーズは聖書の物語を挑発的な形で語り直す。そこではルークが間違いなくキリストのようだが、うまいことあらゆる磔《はりつけ》を避ける——そしてそこでは二度死ぬのは父だ（オビ＝ワンとの戦いで一度、それからルークと皇帝との戦いでもう一度）。そして、二度とも復活する（最初は鎧を着て、堕落した形で、そして最後には改悛した罪人として、救われる）。

このシリーズの神話的な反響はまちがえようがないし、キリスト教はこのシリーズの基調だ。その生地に織り込まれているのだ。物語全体が選択の自由と、よき報せと、救済を巡るものだ。『スター・ウォーズに見る福音』『スター・ウォーズ・キリスト』『はるかかなたの銀河系で神を見つける』なんて本がすぐに見つかるのも、当然のことじゃないか？

2　エディプスとしてのジェダイ

でも実は、まるでちがうのかもしれない。スター・ウォーズは全然ちがったものとして理解するのがいいのかもしれない。つまり、父、息子、そこにいない母親についての、深くエディプス的な物語として見るのがいいのかもしれない。正しい参考書はフロイトであって、聖書ではないのだ。そこにはややこしい性的な底流があって、スター・ウォーズというのはいくつかの渇望についての物語かもしれない。

父なきアナキンは、何か強い父親像を必死で求めている。その人物について、アナキンはどうしても愛憎半ばする感情を抱いてしまう。最初それはクワイ＝ガン・ジンで、それからオビ＝ワン、そして最後は皇帝だ。象徴的な息子であるアナキンは、実は三人目の死には責任があり、間接的には一人目の死にも関わっている——そして二番目を殺そうと必死でがんばる。自分よりずっと歳上で、まちがいなく母親像となるパドメに恋をする。「面白い坊やね」と彼女は初めてアナキンに会ったときに言う。「アニー、あなたはあたしにとって、ずっとタトゥイーンのあの腕《わん》白坊《ぱく》やのままよ」と彼女は、アナキンがずっと大きくなって再会したときに言う。まさに母親が自分の息子について思うことではないか？（そして彼女はアナキンと恋に落ちてしまう！）

アナキンが暗黒面に向かう道は、母親が殺されたときに始まったものだ。ある意味で、アナキンは母親と恋に落ちている。息子というものはすべて、自分の母親に恋しているのではないか？この見方からすると、ダース・ベイダーの悲劇はソフォクレスの書いた物語を、複雑で心理学的に切実な（いささか不穏ではあるが）形で再現したものということになる。

ルークの物語も、エディプス的な形ですぐに理解できる。かれには父も母もいない。その若き日々は、父母の両方を求めるとても両義的な探索だ。ルークから父親としての愛情を受けるために熾烈な競争を展開する多くの父親候補の中から、ルークは選択しなくてはならない。オーウェン、オビ＝ワン、ヨーダ、ベイダー、皇帝。驚くべきことに、ルークは一人を除いてこの全員の死に責任があると言えるのだ（例外は老ヨーダだけで、それすら曖昧という解釈もできる）。かれはエディプスだ——でもこのエディプスが母親を失うのは、父がある意味で彼女を殺したからだ。これはこれで、独自の悲劇でもある。

とても重要なただし書きとして、このエディプスはそのダークな父親を愛し、贖う——でもその救済はその父を殺そうとした後にしかこないし、しかもほとんど成功しかける。なんともおもしろい話じゃないか？　立派なフロイト主義者なら、これで一日遊べるはずだ。この説明だと、エディプス王の語り直しにより、父親に対する息子の愛が、父親への怒りを蹴倒すということだ。許しがすべてを征服する。

この物語のエディプスが、アナキンだろうとルークだろうと、スター・ウォーズの魅力の一部がそのフロイト的な響きにあるのはまちがいない。フラッシュ・ゴードンではあっても、心理的な底流はかなり複雑だ。そしてもちろん、カイロ・レンは結局恐ろしいことに自分の父親を殺してしまい、エディプス的な主題を『フォースの覚醒』でまちがいないほど明確にしている。

3 フェミニズム

フェミニズム的な観点からすると、スター・ウォーズは最悪で何だか恥ずかしいものだろうか、それとも実はすばらしく啓発的だろうか？　『フォースの覚醒』が性の平等に向けて強い一撃を放っているのはだれにも否定できない。まちがいなくレイがヒーローだ（新しいルーク！）。そして暗黒面をかなりやりこめている（カイロと一戦交えるときの、彼女の表情を見るがいい）。またレイア将軍にキャプテン・ファズマもいるし、指導層の中の様々な地位を女性が占めている。

これに対し、最初の三部作や前日譚は、男と女の両方について、すぐに男性の妄想と見なせる。野郎どもを見よう。フォースを感じると、強くなって、他人を絞殺したり、撃ったり殺したりできる。それもライトセーバーなんか使える（これは、なんというか、男根に似ているどころではなくて、長ければ長いほどいい）。そしてある年齢の男性にとって、シリーズ全体で最も想い出深い場面は『ジェダイの帰還』で、レイアがビキニ姿で鎖につながれているところだ。いささか退廃的にとどまらず、もっとひどいかもしれない。

でも別の見方がある。レイアが自分を捕らえていた相手を、まさにそいつが自分を縛った鎖を使って絞め殺すことで、すべては許されるのだろうか？　それこそがシリーズの中の真の救済場面だろうか？

最初の二つの三部作で、レイア姫とパドメ・アミダラはもちろん主要登場人物だ。この二人を中心人物と捉え、シリーズの奥深い意味について最高のヒントを与えてくれる存在と考えるのは容易だ。一九七〇年代に生み出されたレイアは、時代をはるかに先取りしていた。もちろんオビ＝ワン・ケノービだけが彼女の頼りだったけれど、彼女は救いを求める哀れな乙女なんかではない。それどころか、軍事指導者で、その中でも最も重要な人物で、反乱軍すべてを動かす存在だ。多くの視聴者にとって、彼女はフェミニズムのアイコンだ。生まれながらの司令官で、いちばん頭がよく、賢明で、頑固で、勇敢だ。銃も撃てるし、必要とあらばためらわない。ほとんどのときには、彼女がボスだ。『フォースの覚醒』で彼女が将軍なのも納得だ。最初の三部作をフェミニズム作品とみるのはかなり苦労するが、当時としてはフェミニスト的観点から立派なものだし、むしろ啓発的とも言える――多くの女性は、ルーカスのやったことに啓発された。

前日譚三部作では、かなり罵倒されるパドメも、実にしっかりしている。また、物事を最もはっきり見通す人物でもある（あまりいい台詞をもらえていない部分もあるが）。また指導者でもある――女王でその後は元老院議員だ。彼女は早い時期から、共和国に何が起きているかについて直感以上のものを持っていた。これに対し、男ども――アナキン、ルーク、ハン――はえらく脳天気だ。

最初の三部作をどう評価するにしても、エピソードⅦで本当に覚醒したフォースは、性の平等だというのはまちがいない。レイは最強かつ最高の登場人物だ――最も興味深く、楽しくて、頭が切れて、複雑で、最もフォース感度の高い人物なのだ（だからレイが当初は、ゲーム、おもちゃ、などタイアップ商品から外されていたことで抗議の声が大きく広がったのもまったく当然のことだ）。彼女がだれの娘なのかはまだはっきりしないが、肝心なポイント：最も深い意味で、彼女はスカイウォーカー一族なのだ。

4　トマス・ジェファソン、ジェダイの騎士

スター・ウォーズを、きわめて政治的な物語として見るのは実に容易だ。お話としては、反乱軍の必要性を強調し、少なくともそれが成立する可能性は必須だと述べているわけだ。『新たなる希望』のノベライゼーションによれば「反乱の脅威だけが、権力の座にある多くの者たちに、ある種の口にするのも忌まわしい行為をさせないようにするのだ」。ここには、トマス・ジェファソンの軽い反響以上のものがある。ジェファソンは騒乱自体が「よいものを生み出せる。それは政府の退行を防ぎ、公的な問題に対する一般的な関心を育《はぐく》む。私は、たまの反乱はよいことで

あり、物理世界での嵐のようなものとして政治世界では必要なのだと考えている」（反乱！　ルーカスはジェファソンの著書を読んだのか？）。

この見方だと、シリーズの本当のテーマはジェファソン的なものとなり、反乱と自治の価値、共和国の美徳、帝国の邪悪を指摘するものだということになる。帝国とファースト・オーダーは騒乱を毛嫌いする。かれらはそれを一種のカオスだと考える。かれらは秩序を求める。これはかれらの考え方だと、選択肢がないというのを言いかえたものだ。ルーカスは少なくとも部分的にはそういう見方をした。皇帝を一種のリチャード・ニクソン的な人物と考えている（ニクソンは法と秩序の権化だった）。ルーカスは、反乱軍がベトナム人だとさえ考えていた――そして帝国を、アメリカの向かっている（一〇年後の！）先にあるものと見ていた。エイブラムスはジェファソン的主題を、ファースト・オーダーと反乱軍の戦いとして続けている。

スター・ウォーズ・シリーズは一種の荒唐無稽さがあるのは確かだけれど、でもずっと真面目なメッセージもあるのかもしれない。それは、政治指導者たちをしっかり見張っておくのがいかに重要かということだ。用心深い市民たちが、きっちり監視しなければいけないのだ。実際、このシリーズは確かにそれを訴え続けていると思う。シリーズは、秩序と選択の自由との間での絶え間ない対立を描いており、どちらを選ぶかについては疑問の余地はない。個人レベル（ルーク、ハン、アナキン、レイ、フィン）の選択へのこだわりは、その政治でも繰り返されている。

5　秩序はいいものでカオスはよくない

でも実は、その正反対が正しいのかもしれない。ジェダイこそがまちがっているのかもしれない——呆然とし、慌てて、安定性を維持できずにいる存在だ。実はパルパティーン皇帝こそが結局のところ秘密の主人公なのかもしれない。それこそがスター・ウォーズ・シリーズの、ダークな核心なのかもしれない。それこそ、実はシリーズの本心なのかもしれない。

この議論がトンデモに思えるだろうか？　少なくとも二〇〇二年以来、知識人たちはこの考え方が正しいと主張してきた。共和国の下では物事はかなりカオス的で、ジェダイの騎士たちは秩序を確保し損ねた。人間にとって本当に必要なのは秩序なのだ（するとニクソンは実は完全にまちがっていたわけではないのかもしれない）。映画の中の緊張感の一部は、人々を束ねてカオスから救える強い指導者のまちがいない魅力からきている。あらゆる強力な指導者は、それこそ自分のやっていることだと主張する。ウラジーミル・プーチンはほんの一例だし、二〇一五年と二〇一六年には、ドナルド・トランプの意外な大統領選出馬も何か似たものの反映だ（ヒトラーを挙げたい人もいるだろう。ジョージ・ワシントンと切り返す人もいるはずだ）。ジェダイは、秩序回復活動に大失敗した。皇帝は成功した。『フォースの覚醒』は、秩序とカオスの緊張関係を描いたもので、実は映画としては秩序のほうにこっそり肩入れしているのだ。その意味で、『フォースの覚醒』は最初の二つの三部作を踏襲している。

あるエッセイストに言わせると：

確かに皇帝たるパルパティーンが独裁者なのはまちがいない──でも比較的おとなしい、ピノチェトのような独裁者だ。人々が取引できる独裁制だ。税金を集めて空をパトロールしてくれる。組織犯罪を止めてくれる（ハット人たちによる密輸集団といった形で）。帝国は、平均的な遵法市民の日常生活にはほぼ何の影響もない。

もっと強い主張もある。

人類の未来にとって、最高の希望を与えてくれるのは帝国であって、反乱同盟軍ではない。この混乱した銀河系に平和と繁栄をもたらすのに十分な技能を持つのは、帝国であって、反乱同盟軍ではない。（中略）抵抗し、転覆し、最終的には帝国を破壊することで、反乱軍たちは子供たちに、カオスだらけで後進的で技術的に退行した社会を与えることになる。それはほぼまちがいなく、一世代以内に無政府状態へと崩壊するはずだ。

小才はきいているかもしれないけれど、そうだねえ、スター・ウォーズが帝国に肩入れしているという発想は、まちがいなくトンデモだ（『フォースの覚醒』でややこしい部分は出てくるけれど、ニュー・オーダーこそが正義なのだと主張するのはかなり苦しい）。

6 行動科学的なスター・ウォーズ

何十年にもわたり、行動経済学者や認知心理学者たちは、人間が完全合理性とどうずれているかを検討してきた。人間がコンピュータではないというのは、別に目新しい話ではない。どうするかを決めるとき、人々は結果を定量化して確率計算をしたりはしない。一方で、人間は少なくともほとんどの場合は、不合理でもない。行動科学者たちが示したのは、人間が予測可能なバイアスにとらわれているということだ。そうしたバイアスを解明したジェダイ・マスターたちは、ノーベル経済学賞を少なくとも五つはもらっている。名著『ファスト&スロー』の著者ダニエル・カーネマンが中でもいちばん有名だ。多くの人にとって、かれは実在するヨーダなのだ（カーネマンからのすばらしい人生の教訓：「あなたがあることを考えているとき、人生においてそのこと以上に重要なことは存在しない」。考えてみてごらん。重要だから）。

人間の欠点の例をいくつか挙げよう。人は自信過剰だ（「レジスタンスはファースト・オーダーに対して勝ち目などない。いまこそ連中の最期なのだ！」）。みんな今日や明日にばかり注目し、来月や来年のことはあまり考えない（「現在バイアス」）。非現実的な楽観主義を示す（「運転手の九割は、自分が平均より運転がうまいと思っている」。あるいは「すべては私の予見した通りに進んでいる」）。みんな惰性に苦しみ、問題を先送りにする。リスク評価にあたって統計を検討せずにヒューリスティクス、または経験則に頼る（最近ご近所で犯罪が起きただろうか？　帝国はうちの惑星と似たようなところを攻撃しただろうか?)判断は系統的に自分に都合よく歪んでいる(「公平ってのはこのオレにとっていちばんいいことなんだ!」)利得を好むよりも同額の損失をはるかに嫌う(「損失回避」)。だからゴルファーたちが、バーディー狙いのときよりもパー狙いのときのほうがパットがうまいのも当然だろう(ボギーになったら損失で、人々は損失が大嫌いだから)。あるいは、人々に省エネしてほしければ、省エネ技術を使うと得をするというよりも、省エネ技術を使わないと損をすると強調するほうが効果が高い。

実は現代行動科学は一九七〇年代末――ちょうど『新たなる希望』が公開された頃に始まった。これはただの偶然だなんてことがあり得るだろうか?

そんなはずはない! スター・ウォーズは、行動バイアスの事例集のようなものだ。ダース・ベイダーとパルパティーン皇帝は、どちらも非現実的な楽観主義と身勝手なバイアスに苦しんでいる。すべてが自分に有利に進むと思っているのだ。その自信過剰のおかげで、肝心なときに大きなまちがいをしでかす(スノークも同じ問題を抱えている)。でもスター・ウォーズは、行動バイアスは暗黒面を好む人々に限られないのも知っている。我らがヒーローの一人、ハン・ソロも楽観バイアスを持っている:

C-3PO: この小惑星帯の中を無事通過できる確率は、三七二〇分の一です!
ハン・ソロ: 確率などくそくらえ!

もちろん、物事はハンの場合はうまく行くし、その小惑星帯も見事に切り抜けられるけれど、ベイダーとパルパティーンの場合にはいつも失敗する。楽観バイアスは、つらい時期には助けにもなる（でも『フォースの覚醒』では、非現実的な楽観主義というハンの特徴的な傾向が、非常に大きな問題をもたらしてしまった。それについてはいやな予感がするべきだった）。

ルークとレイはどちらも惰性と、その近いいとこである「現状バイアス」を持つ。これは人々が、何かを変えるほうがずっとよさそうなのに、現状のままを望むという傾向を示す。惰性と現状バイアスのせいで、ルークは最初にオビ＝ワンがオルデランまで一緒にこいというのを断る。また、レイがルークのライトセーバーを断るのもこれで説明できる。いい報《しら》せは、かれらの家系にはフォースが強いので、行動バイアスを克服できるのだ（結局フォースというのはそのためのものでは？　それがスター・ウォーズの告げていることでは？）。

スター・ウォーズをたくさん引用して、行動経済学を一学期にわたり教えるのは容易だ。シリーズをいちばんよく理解するには、そういう方法がいいのかもしれない（でもそんなことを思うようでは、かなりのバイアスがあるようだ）。

7　テクノロジー

このシリーズはひょっとすると、技術が人間性を失わせることについての警告の物語なのかもしれない。ルーカスはまちがいなくそういう見方をしていた。かれはこの問題にこだわっていた――テクノロジーが人間に何をするかについても。

『新たなる希望』は、ドロイドたちから始まる。ある意味で、かれらがこの物語の語り部であり、人間的な特徴を備えている。それがかれらの魅力の一部だ。『フォースの覚醒』でのBB－8は、『新たなる希望』でのR2－D2と同じ役割を果たす。この二台は、かわいいペットや忠実な弟や妹のようなものだ（かれらを潜在的に不穏な存在にするとおもしろかっただろうが、スター・ウォーズはそちらには向かわない。BB－8が脱走して勝手に動き始めたら？　ちょっとこわいかもしれない）。でも機械や機械部品を通じた人間性喪失は、シリーズ全体で大きな役割を果たす。

一九六二年にルーカス自身がバイク事故で死にかけた。当人に言わせると「高校時代、私はレースカードライバーになりたくて、かなりひどい事故に遭った。（中略）時速一三〇キロほど出していた車に側面衝突されたんだ。（中略）死んでも当然の事故だった」。機械がルーカスの命をつないだ。この個人的な体験が、人間と機械の共生関係への注目をもたらしたのかはわからないけれど、スター・ウォーズがこの関係に注目しているのはまちがいない。

ダース・ベイダーがおっかないのは、それが半人半機械だからだ。オビ＝ワンが小説版『ジェダイの帰還』でルークに言うように「おまえの父親があの燃えさかる溶岩から這いずり出てきたとき、その変化は永遠にかれに焼き付けられた――かれはダース・ベイダーとなり、アナキン・

スカイウォーカーは跡形もなく消えていた。後戻りできないほど暗黒になり、手傷を負って。機械とその暗黒の意志だけで生き延びていたのだ」。これは事実だが、象徴でもある。ダークサイドに堕ちて、かれは人間性の多くを失った——機械の時代に生きる我々に対する、先見性のある警告だ（電子メールをチェックしたりしてますか？）。銀河に平和と正義を回復させるのが、隔絶した地からの農場少年なのもうなずける。

8 ジェダイのジハード

ジェダイは、ジハードのようなものをやっていたのだろうか？ 反乱軍はテロリストか？ 最初の三部作は、ルーク・スカイウォーカーの過激化を描いた話なのかもしれない。スター・ウォーズは過激化の仕組みに関するケーススタディなのかもしれない（反響室《エコーチェンバー》の力を思いだそう）。ルークは、あの無垢な農場少年として出発し、宗教的な志向もまったくない。孤立して根無し草だ——過激派には絶好の標的となる。そして当然のように、かれはあるオンライン評論家の言う、「宗教原理主義と過激主義への暗い旅」に乗り出す。不満を抱いていささか方向性を見失った若者として、何かを探していたかれは、オビ゠ワン・ケノービに出くわす。オビ゠ワンはどう見ても宗教的な狂信者で、フォースに関する過激派思想に当然のように従っている。「ルークに会って、ほぼ間もないときに、オビ゠ワンはルークに対して家族を捨てて自分といっしょにこいと言い、皇帝がルークの父親を殺した、なんていうショッキングなウソまで使って、ルークをジハード人生に引き入れようとする」

オビ＝ワンはその試みに成功する。だんだんかれはルークに、自分の過激な主張を信じるよう説得し、その過程でカルトじみた宗教的思い込みを受け入れるように納得させる。ルークの過激化を完了するため、オビ＝ワンは「自殺をする間にジェダイの祈りを唱える」。自爆テロ攻撃をかけるまえに祈りを唱え、テロを活性化させようとする集団が、他に思いつかないだろうか？　最終的にルークは、全面的なテロリストになるのだ。

うーん、まあこれもトンデモですな。

9　ダークサイドと悪魔の仲間

はっきり胸を張って言おう。ベイダーがいちばん目立つ。シリーズでいちばん記憶に残るキャラは？　ベイダーこそが記憶に残る。他の連中は足下にも及ばない。

『新たなる希望』『帝国の逆襲』『ジェダイの帰還』がいちばん魅力的になるのは、ベイダーが画面に映っているときだ。いないときには、映画がダレる（少なくとも『ジェダイの帰還』はそうだ）。息子デクランは先日のハロウィーンで、ダース・ベイダーの仮装をしたし、多くの六歳児も同じ選択をする。そもそもルーク・スカイウォーカーの仮装なんていくつあるのだろう。そしてオビ＝ワンの仮装なんて見たことがあるか？　一度でも？

そりゃルークは魅力的で、とてもすてきだし、ジェダイにだってなる。でもスター・ウォーズを観た男の子で、ルークになりたい、なんて思う子がいるだろうか。きまじめすぎる。それに女の子も手に入らない。だって妹なんだから！

ハン・ソロはずっとクールで、私個人のお気に入りだ。一匹オオカミだが、一方で後進的で、これはちょっと問題だ。一九七〇年代ですら、かれは一九五〇年代の人物であり、いまでは一九七〇年代の人物だ。ハリソン・フォードはそれなりにはまり役だけれど、それでも、かれがオタクの考えるクールな人物を体現したものでは、と思うのは不公平だろうか？

これに対し、ベイダーは古びない。颯爽としていて、大柄で、考えただけで人々を絞め殺せる。そしてくよくよしない。カイロ・レンがベイダーを崇拝するのも当然だ（そして『フォースの覚醒』公開後には、カイロのおもちゃもたくさんでた。デクランもクリスマスに一つもらった）。

見事なエッセイで、リディア・ミレットはベイダーが「スター・ウォーズ一族の中で最もエロチックな人物であり、唯一の悲劇的な人物であり、このためにかれは恐ろしい美を持っていた」と書く。貴族的で「スタイルとエレガンスとよいマナーを持っていた」。またベイダーは「スター・ウォーズが観客に提示した唯一の疑問であり、示された唯一の謎だ」。大胆さ、超然としたところ、指導力がベイダーを定義づける特徴だ。ミレットに言わせると、ベイダーは「自分のほしいものを手に入れるから、エロチックな雰囲気を持つ」（確かに）。ベイダーは、ダークサイドをセクシーに見せる（だってセクシーでしょう？）。

偉大なウィリアム・ブレイクは、英語圏で最も宗教的な文書の一つ『失楽園』についての文章の中でこう宣言している‥「ミルトンが、天使や神について書くときに自らを縛り、悪魔と地獄について書くときには自らを解き放ったのは、かれが真の詩人であり、知らず知らずのうちに悪魔の仲間になっていたからなのだ」。ブレイクはミルトンについては一理あった。ミルトンはサタンのエネルギーとカリスマに魅了された。ミルトンは確かに真の詩人で、自由についての構想を持ち、だから嬉々としてダークサイドを訪れたのだった。

ちなみに当のブレイクも真の詩人で、ダークサイドとも大いに親しかった。「行動を伴わない欲望を抱え込むくらいなら、ゆりかごの幼児を殺したほうがいい」とか「もうたくさん！ さもなければ嫌と言うほど！」または「怒りの虎は、指示待ちの馬より賢い」または「欲望を抑える者たちは、抑えられるほど弱い欲望しか持たないのでそうできるのだ」。そして特にスター・ウォーズと関係の深い一節。「逆がなければ進歩もない。魅惑と反発、理性とエネルギー、愛と憎しみは、人間の存在に不可欠だ」

ジョージ・ルーカスも悪魔の仲間なのか？　基本的にはちがう。最終的なところでは、かれはいいやつだ。かれがルークだ。でも誘惑はあった。ルーカスは『新たなる希望』をルークの物語として書いた（ルーカスだからルークなのだ）。でもその想像力をとらえたのは、ベイダーだった。だから物語で大きく登場したのはシス卿なのだった。

一部の人にとって、かの皇帝自身が悪魔的魅力を持っているのは間違いない。かれは誘惑者だし、しかもそれが実にうまい。かれはある種の渇望に満ちている。おかげでシリーズには不可欠な緊張感が出る。その中の最高のもの——もちろん『帝国の逆襲』だ——について、ミレットはこう書く。「善の力が迂回させられ、悪が疑問も抱かれずに勝利を享受する」。彼女は「ダース・ベイダーこそがスター・ウォーズ・サーガの支点であり、焦点であり、感情的な中心なのだ」と主張するが、その通りだ。

ブレイクとミルトン同様、ルーカスもダークサイドの魅力をよく知っている。かれもそこに行った。そしてこう書いている。「人々が悪漢好きなのは、強力だしルールなんか気にしないからだ」でも悪漢の魅力にはさらに原初的なものがある。パルパティーンはアナキンに向かい、エロチックな響きを込めてこう語る。「いいぞ、おまえの怒りが感じられる。怒りは集中力をもたらす……おまえを強くしてくれる」パルパティーンはルークにもこう言う。「いいぞ、おまえの怒りが感じられる」そして小説版では、ルークがダース・ベイダーとの戦いに酔いしれているとき、こう書かれている。「この冷たい怒りに駆られた瞬間、暗黒面《ダークサイド》がルークの心を支配した」

スター・ウォーズ VS. スタートレック：余談

マイケル・ジョーダンとレブロン・ジェームズ（いずれもバスケットボール選手）とどっちがすごい？（ジョーダンだろう、あいつなら人の心臓をつかみ出せる）。エイブラハム・リンカーンか、フランクリン・デラノ・ルーズベルトか？（これはルーズベルトだ。アメリカを二回も救ったし、陰気よりは陽気で、だからもっと典型的なアメリカ人に近い）。メリル・ストリープかジュリアン・ムーアか？（これは接戦、本当に接戦だけれどムーアだ。まるで演技しているように見えないから）。ビートルズかローリング・ストーンズか？（ストーンズだ、だってダークサイドを知っているから）。イマニュエル・カントかジョン・スチュアート・ミルか？（これは圧倒的にどう考えても、優しく明晰なミルだ）。テイラー・スウィフトかアデルか？（これはもうまちがいなしにスウィフトだ。そのいたずらっぽさと楽しさのおかげで、絶対に甘ったるすぎるようなことにはならないからだ）。ロナルド・レーガンかバラク・オバマか？（オバマだ、でも私ならそう言うのはみんな知っている）

スター・ウォーズかスタートレックか？

ジーン・ロッデンベリーの傑作シリーズ『スタートレック』については、誉めるべき部分がたくさんある。第一シリーズ『宇宙大作戦』の初期のエピソード『二人のカーク』を考えよう。これはダークサイドとライトサイドの競争についての独自の描写を提示している。トランスポーターの故障でジェームズ・ティベリウス・カークは二人の人間になってしまう。片方は善良で片方は邪悪だ。邪悪なカークは攻撃的で、暴力的ですらある。機嫌が悪く、残酷で利己的だ。欲しいものはなんでも求め、それも即座に求める。抑えようがない。

よいカークが本物で、悪いカークは偽物だと思うかもしれない。初期の場面では、それこそまさにこのエピソードが引き起こそうとする反応だ。でもそれはまちがっている。善良なカークは自分の相方についてこう語る。「あいつは動物まがいだ。考えのない野蛮な動物だ。それでもあいつは私なんだ。この私だ！」

だんだん見えてくるのは、この両者がカークのカークらしさにとって同じくらい不可欠だということだ——一見すると邪悪な面がなければ、カーク船長は優柔不断で身動き取れず、受動的で軟弱で色白で、一種の幽霊になってしまう。マッコイは善良なカークにこう語る。「人はみんな暗い面を持っている。それは不可欠なんだ！　人間の半分はそういうものだ。それは醜いものじゃない。人間らしいということなんだ」その通りだし、ある意味で、それはこの問題についてスター・ウォーズに登場するどんな話よりも細やかでありよくできている。もう一つ、『新スタートレック』の『呪われた妄想』というエピソードは優れている。「ときには心の暗い側面を探究するのは健全なことだ。ユングはそれを『己の心を自らのものにする』と呼んだ。（中略）自分の暗い側面を恐れるな。それを楽しめ」

最初のシリーズのほうが愛すべきものではあるけれど、私として最高のスタートレックのエピソードは、これまた『新スタートレック』の『超時空惑星カターン』というエピソードだ。ジャン゠リュック・ピカード船長は惑星カターンに転送され、そこで奥さんに、宇宙船船長だという記憶はすべて、病気のもたらした一種の幻覚なのだと説得される。かれの本当の名前はカミンで、愛する妻を持ち、愛する子供も二人、男の子と女の子ができている（かれは娘にこう告げる。『今を生きろ。常に今を最も貴重な時間とするように。今は二度とはやってこないのだから』）。

カターンでかれは歳を重ね、老い、そして孫もできる。立派な人生で優しく善良なものだ。でもやがて、太陽からの輻射が増加しているために世界全体が破滅に向かい、やがて破壊されるというのを学ぶ。

この悲劇的な事実を認識したカターン指導者たちは、自分たちの文化の記憶をプローブに載せて宇宙に打ち出す。必死の希望として、そのプローブがだれか自分たちの種について学べる人物を見つけ、自分たちが忘れられないようにしてくれるよう祈ったのだ。カミンとしての今際《いまわ》の際に、何十年も続いたと思っていた暮らしの果て、ピカードは理解する。心敗れ、驚愕して気がつくのだ。「ああ、それがこの私なんだ、そうだろう。私がそのだれかなんだ……私がこのプローブの発見する人物なんだ」

このエピソードをかくも美しいものにしているのは、それが我々の時代、我々の文化、我々個人の生の貴重さとはかなさの双方を捉えているからだ(一九六〇年代がカターンなのか? それとも一九九〇年代? このいまの一〇年はどうだろう?)。短い期間で、ピカード/カミンは自分をかなりの若者、夫、親、祖父、高齢者、臨終の存在として見ることができる。ある意味で、こうした自分自身すべてがかれにとっては現在となる。それをさらに感動的にしているのは、そこで語られているのがいまや完全に失われた文明だということだ。『超時空惑星カターン』はまちがいなく、とんでもないアクションなんかではない――でも人間の心の核心には肉薄する。スター・ウォーズにもそういう面はあり、その理由はこれから見るが、『超時空惑星カターン』に及ぶようなものはない。

ビジュアル面でいえば、スター・ウォーズのほうが圧倒的に優れている。はるかに夢中にさせる。驚愕とうわーっという感覚を創り出し、これはスタートレックでは不可能だ。スター・ウォーズは絶えず謎の感覚を作り出す。スタートレックとちがって、視聴者に謎を解明させる。こちらのほうがクールだし、すごい。スタートレックはずっと文芸的で、実はその最高のエピソードを書いたのは小説家が多い。スタートレックはスター・ウォーズよりも永続的な問題について考えさせる。スター・ウォーズはどちらかといえば絵画シリーズのようだ。スタートレックは、中篇小説の集まりに近い。

最高の部分ではどちらも優れている。どっちが上だろうか？

哲学者たちは「集約不可能性」という概念について語っている。これはざっと言うと、定性的なものはちがう尺度で価値評価されるので、本当に優劣はつけられないということだ。確かに千ドルは五〇〇ドルよりもいい。でも美しい山と、すばらしい運動演技と、いいレストランでの親友との食事と、驚異的な歌と、一定額のお金とで、どれが優れているか？　一つの答えは、このすべてがちがう尺度で測られるというものだ。お望みなら順位をつけてもいいが、それぞれの定性的な差は忘れないようにしよう。スター・ウォーズとスタートレックはちがう形でよいのであり、公平を期すなら、本当に両者に優劣はつけられないのだ。

が、スター・ウォーズのほうが優れている。

「おまえの現実を決めるのはおまえが何に注目するかだ」

解釈はしばしば、注意深く見さえすれば、すべては筋が通るというのを示そうという努力となる。解釈者は台本を探そうとする。その努力は、通常は特徴的な細部を組み立てることで機能する。その一部は、一見すると関係ないように思える。うわずった声、こずるい微笑、不適切な笑い、カンマの位置、「ある」ではなく「その」という用語の選択、単語を複数形にしてしまうといったもの――このすべては、一見茫漠としたところに何か計画を示唆するものとなる。いくつか例を：

・どうして司法省長官と、アメリカの検事総長は、アトランタで人種差別的な殺人が起きたまさにその日に国外にいたんだろうか？

・どうしてオビ＝ワン・ケノービは、ダース・ベイダーに殺される直前ににっこりしたんだろうか？　死にたかったからか？（そうかも！）ダークサイドに転向したから？（それはない）

・『新たなる希望』でC－3POとR2は、デス・スターの設計図を持って、脱出ポッドでレイアの船から放出される――そしてそれは、ルーク、アナキン、C－3PO、R2がみんな一時住んでいた場所と、怪しいほど近い位置に落下する。これは偶然だろうか？　偶然そんなことが起こる確率は天文学的では？

陰謀理論家たちはこうしたアプローチの名手で、そうした質問が大好きだ。隠れたヒントだらけの台本を見つけようとかれらは固執する（「すべては計画通りに進んでおる」「真実はそこにある」、ブッシュのエンドゲーム、オバマのエンドゲーム、プーチンのエンドゲーム、ローマ法王のエンドゲーム）。他のみんな以上に、かれらは物事にランダムな要因や恣意的な要因がどれだけ働くかを無視してしまうのだ。かれらがイカレているかどうかはさておき、決してバカではないし、絶対に無知ではない。それどころか、きわめて専門的だ。やたらに詳しい。莫大な材料を選り分け、無数のパターンやリンクを見つけ（お、これは！）、そして自分の疑念が確認されたと宣言する。こいつらと議論しようと思わないこと。向こうのほうが絶対に詳しいから。面白半分でもやらないこと。

ジョン・F・ケネディについての関連文献にどれでもいいから目を通してみよう。あるいは9・11テロ攻撃、あるいはこれからのエピソードで何が起こるかについての陰謀文献を見れば私の言うことがわかるはずだ。そうした文献がうまく書かれていれば、それは独特な人間能力、つまり一見するとランダムな点をつなぐ能力の見事さを示すものとなる。

10 見習い《パダワン》ジェダイとしてのハン

スター・ウォーズのファン自身も、こういうことは大得意だ。一つおもしろい仮説を。ハン・ソロはフォースが使える——でも自分ではそれを知らないのだ。そうでなければ、どうしてあれほどの賞金稼ぎから逃れられ続けるはずがある？　フォースなくして、グリードの至近距離からの銃撃を、頭をちょっと右に傾けるだけでよけられたのか？（私はここで、先に撃ったのがハンかグリードかというまちがいなく重要な問題は棚上げしている）

そしてハンが「おれはこの銀河の端から端まで飛びまわって、珍しいものをうんざりするほど見てきたけどよ」と言い、「すべてを支配するフォースとやらには一度もお目にかかったことがなかったぜ」と付け加えるとき、なぜオビ＝ワンはあのもの言いたげな微笑を浮かべるのだろうか？　それはオビ＝ワンが、みんなにちょっとした秘密を教えてくれているのでは？　つまりハン・ソロ自身が一種の見習いジェダイだということだ！　これで、『フォースの覚醒』でハンとカイロの間に起こることに新しい光が当たるのではないか？　あそこで我々が見たものは、実は見かけ通りではなかったのでは？

11　もうひとりの兄弟！

二〇一五年に、人々はルークとレイアにきょうだいがいるのではと勘ぐり始めた！　そのヒントと称するものは『フォースの覚醒』の冒頭の説明で、レイアの目的は「兄ルークを見つけ銀河に平和と正義を取り戻すこと」という部分だ。これがヒントなのは、ルークという名前の前後にコンマがないからだ。

そこで理屈が生まれる。「ルークという名前は不要な情報だ。レイアには兄は一人しかいないので、本来ならコンマで囲まれるべきだ」。コンマがない、「兄ルーク」という書き方はどうも別のきょうだいがいるということを示唆しているのでは、というわけだ。たとえば「兄スノーク」とか「弟ボバ」という具合に。

まさかね。

12 仏教的スター・ウォーズ

『帝国の逆襲』に登場する、ローブを着たヨーダを見てみよう。ちょっとブッダのようではないか？

ジェダイは仏教徒か？　確かに超然とするのが重要だと強調はする──一種の静謐を通じて恐怖と憎しみを超越するのが重要というわけだ。ヨーダの有名なせりふはこうだ。「恐怖は怒りにつながり　怒りは憎悪につながり　憎悪は苦しみにつながる」。ブッダの言葉と比べよう。「苦しみがある。苦しみの原因がある。苦しみを終わらせることができる。八正道《はっしょうどう》は苦しみの終わりをもたらす」。この八正道が、ヨーダによるルークの訓練のモデルだと考えるのは容易だ（それは現実の性質に関するビジョンで始まり、変化への道が続く）。

ジェダイ騎士団は仏教の教団にとても似ているし、師匠とパダワンの関係は、仏教の師匠と弟子の関係に似ている。こうした関係では、「マインドフルネス」の概念、つまり過去や未来ではなく、現在の瞬間に生きることが強調されている。『新たなる希望』やオビ゠ワンの教えはすべてマインドフルネスについてのものと読める。ルークがフォースを使ってデス・スターを破壊するあの決定的な瞬間は、すべてが現在を生きることについての描写なのだ。

でもあれこれ憶測するまでもない。『ファントム・メナス』でクワイ゠ガン・ジンが絶えずアナキンに助言するのは、「マインドフルであれ」ということだ。たとえば：

オビ゠ワン：　でもヨーダ師匠は将来についてマインドフルであれとおっしゃいます。
クワイ゠ガン・ジン：　だがいまの瞬間をそのために犠牲にしてはならない。

そしてクワイ゠ガン・ジンはこうも言う。「いまの瞬間に集中するのを忘れるな。感じろ、考えるな。直感を信じるんだ」。するとスター・ウォーズはまるでキリスト教の話ではない。仏教だ。ティク・ナット・ハン（マインドフルネスの普及活動を行う禅僧）の仏教集団の正式メンバーであるマシュー・ボートリンがこの問題について丸ごと一冊『スター・ウォーズで「仏教入門」ですか』という本を書いたのも無理もない。

13　ダース・ジャー・ジャー

点を結ぶ練習問題としては、きわめて大胆ながら、不気味なほど説得力のある説がある。これは二〇一五年に大流行した。ジャー・ジャー・ビンクスがシス卿だというのだ（「自分の心を探ってみるがいい、自分でもそれが正しいとわかっているはずだ」）。ソーシャルニュースサイトのレディット利用者ルンパワルーによると、ジャー・ジャーは「多くの人が思っているように、知らないうちにパルパティーンに操られた、意図せぬ政治的な手駒なんかではない――むしろかれとパルパティーンは、発端からおそらく共謀しており、両三部作を通じてパルパティーンのほうが、ビンクスに仕える下働きだったという可能性も十分にある」。

前日譚で、ルーカスの当初の計画はジャー・ジャー・ビンクスに三作すべてで重要な役回りを与え、ヨーダにも似た存在にすることだった。かれはバカみたいにふるまい、道化師で愚者役だけれど、でも自分のやっていることをよく理解しているのだ。キツネのようにイカレてはいても、かれこそが場面の背後にいる頭脳なのだ。かれは楽々とジェダイを手玉に取っている。この説明によると、ルーカスはあまりに多くの人がジャー・ジャーを嫌い、その存在を耐えがたく思い、人種差別の産物だと非難したために、この計画を放棄せざるを得なかったという。

確かに、これはすべてイカレた話に聞こえる。でもルンパワルーはこの説を実に入念に、真面目に、精力的に、没頭して練り上げたので、実のところ少しはもっともらしいほどだ。一つの結果として、この発想だけを扱ったウェブサイト、darthjarjar.com ができた。この説は正しいのか？　ルーカスはこの説明が本当に勢いを増さないよう、公式の否定声明を出さなくてはならなかった。
でも、かれは立場上そうせざるを得なかっただけ、ですよねえ？

だれも世界の舵取りはしていない

偉大なマンガ作家で、あの驚異的な『ウォッチメン』の作者アラン・ムーアは、長年にわたり陰謀論を研究してきた。そして以下がかれの結論だ。

陰謀理論について私が学んだ主要な点は、陰謀理論家たちが陰謀論を信じるのは、そのほうが安心できるからだ、ということだ。世界の真実は、実はそれが本当に混沌としているということだ。真実は、イルミナティでもないし、ユダヤ系銀行家の陰謀でもないし、灰色のエイリアン理論でもない。真実ははるかに恐ろしいものだ――だれも世界をコントロールしていない。世界の舵取りはいないということなのだ。

リー・ハーヴェイ・オズワルドがある日付でモスクワに旅行したら、あるいは9・11にたまたま多くのユダヤ人がニューヨークで欠勤したら、なにやら話が始まるかもしれない。でもそんなことはしないほうがいいだろう。意味ありげに見える細部は、しばしば何の意味もない。
精神分析家たちは、多くの人々を助けてくれるけれど、でもかれらもランダム性や突発性を無視する。夢や思考や行動にパターンを見つけると称するけれど、実はかれら自身がそうしたパターンを作り出しているのであって、それを見つけているのではないことも多い。自分が細部を組み合わせられると思っているし、うまい人はそれが本当に上手だ。かれらも一種の陰謀理論家と言える。

かれらだって、確かに葉巻がときにはただの葉巻だというのは知っている。でも自分がジェダイの騎士だという夢を見て、その前の週にたまたま父親とかなり嫌な衝突をしてしまったのであれば、この夢が何か重要な心理的事実を明かしていると結論づけるのはちょっと待ったほうがいい。もちろん、あれこれ憶測はできる。自分が父親より強いと示したかったとか、父親から逃れたかったとか、ジェダイの騎士になって父親を殺したいと思ったとか。でも、それは外れているかもしれない。

文芸評論家は陰謀理論家とずいぶん似ている。シェイクスピアは『リア王』の重要な箇所で「自然」という言葉を使ったし、そのすぐ近くで「能力」という言葉も使っている。『リア王』は、人間の弱さを前にした自然の圧倒的な力について警告する物語なのか？　シェイクスピアのテキストを慎重に調べれば、暗号化されたメッセージが出てきて、きわめて不穏な政治的メッセージが得られたりするだろうか？　シェイクスピアは反乱者だったのか？　そう主張する人もいる。この問題については、少なくとも本が丸一冊書かれている。それを言うなら、シェイクスピアはシェイクスピアの戯曲を書いていないかもしれない。それを書いたのはフランシス・ベーコン、エドワード・ド・ヴィアー、クリストファー・マーロウなのかもしれない。戯曲を詳しく読めば、それぞれの証拠が出てくるという。こうした説を扱った本はたくさんある。個人的なお気に入りは、エドウィン・ダーニング＝ローレンス卿によるもので『ベーコンがシェイクスピア』と題されている。そのほとんどの章の最後は、以下の三語が大文字で書かれているのだ：ベーコン・が・シェイクスピアだ。

この観点から『聖書の暗号』を考えよう。この本は、聖書に隠されたメッセージがたくさんあって、それを見つけるには（たとえば）創世記を一五文字ごとに読むといいとか言う。それをやったら、有名なラビの名前や、その生と死の日付が出てくるし、将来の出来事についての重要な予言も見つかるそうだ。聖書はホロコーストや、共産主義台頭や、９・11テロや、『フォースの覚醒』を予言していたかもしれない。多くの人々は一九九八年に、聖書に本当にそんな暗号が書かれていると主張する人々にだまされた。でもそんなのはインチキだ。

視覚認知の領域では、こうしたものすべてについて説明がある。人間の脳は、パターンがないところにまでパターンを見るように配線されているのだ（「パターン化特性」とか「アポフェニア」とか呼ばれる）。火星のここに、あなたは何を見るだろうか？

（これはＮＡＳＡが撮った、まったく同じ物体の写真三枚だ。）

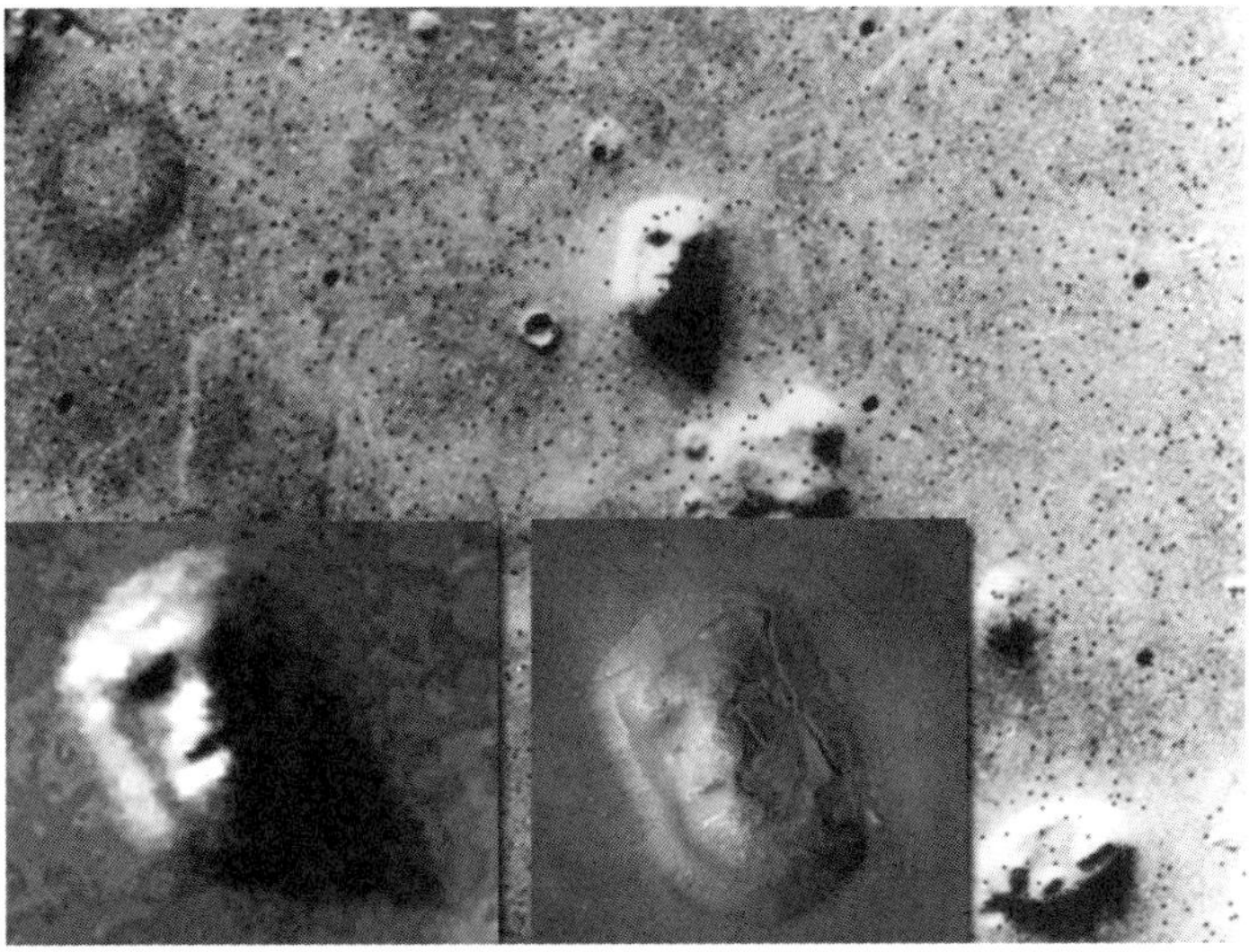

NASA.

顔か？　ストームトルーパーじゃないの？
いいや。ただの岩だ。

エピソードV：父と息子

あなただって救われる、特に子供に本当に好かれているなら

主は言われる、「さあ、われわれは互に論じよう。たといあなたがたの罪は緋のようであっても、雪のように白くなるのだ。紅のように赤くても、羊の毛のようになるのだ」

——イザヤ書　1章18節

父は自分の仕事の後を継いで欲しいと思っていたんだ。私は「絶対そんなことはしない」と言った。父は店でオフィス用品を売っていたんだ。私は「毎日毎日出勤して、まったく同じ事を一日中やっているような仕事はしない」と言ったんだ。

——ジョージ・ルーカス

息子のデクランは、ダース・ベイダーのファンで本書を捧げた相手だが、いまや六歳だ。三年前に、妹リアンが生まれた。デクランは母親べったりで、リアンが生まれたときには、何か脅威と喪失感を感じるのではと切実に思った。だから出産から母親が戻ってきて数週間もしないうち

に、気がつくと私は息子に、無意識の深奥から歌を歌うようになった。それはばかげた歌でしかも不適切なものだった。たった一節が何度も繰り返され、それもおめでたい多幸感と完全な確信をもって語られるのだ。「パパは男の子のもの、ママは女の子のもの」

デクランはそれを嫌っているふりをしたか、少なくともそれがまちがっていると思うふりをした。その反応は同じメロディで「パパは女の子のもの、ママは男の子のもの」と歌い返すことだった。私はこうやり返した。「デクラン、疲れて混乱しているみたいだね。歌が全然まちがってるじゃないか。昨日よく寝たのか？」するとデクランは即座に返答した。「パパ、働きすぎで混乱しているみたいだね。歌が全然まちがってるじゃない。昨日よく寝たの？」

出張から帰るたびに、私はデクランをすぐに抱き上げてこう言う。「デクラン、すごく驚くことがあったよ、信じられないかもしれないけど！　カリフォルニアのホテルの部屋でニュースを見ていたら、コマーシャルが流れたんだよ。そしてそこに出ていた人がみんなこう歌い始めたんだ。『パパは男の子のもの、ママは女の子のもの』。だからこれは本当なんだ！」するとデクランは答える。「パパ、パパが出かけてる間にテレビで野球を見てたら、コマーシャルが流れたんだよ、そしてみんなこう歌い始めたんだ。『パパは女の子のもの、ママは男の子のもの』。だからパパが混乱してるんだよ。疲れてるんじゃないの？」

デクランはいまだにこのちょっとした歌を嫌うふりをするけれど、でも元々これが何の歌なのかはわかっていた。この歌は当初は「赤ちゃんの妹ができて、ママの時間がちょっと取られてしまうけれど、パパがいつもいるからね」という意味だった。その意味はいまやもっと単純だ。

「パパがいつもついているから」

息子がこれを理解しているという証拠は少しある。妻と私がでかけて夕食に間に合わないと、デクランは私たちのベッドで寝てしまうことが多い。それを抱き上げて、自分の部屋に運ぶ中で、私はかの歌のメロディーを口笛で吹く。息子はぐっすり寝ている。でも毎回、にっこりするのだ。

リアンはいまや三歳で、この歌を幾度となく、両バージョンとも聞いている。ときには嬉々としてこう歌う。「パパは女の子のもの、ママは男の子のもの」そしてときには、同じく嬉々としてこう歌う。「パパは男の子のもの、ママは女の子のもの」

どっちのバージョンも正しい。これらは相補的で、矛盾はしない。リアンは賢い子なので、自分が何を言っているかずばりわかっているのだ。

後悔

大人にこんな質問をしてみよう。「人生で最大の後悔は？」

するとだれでもかなりの確率でこんな答えが出てくる。「私は両親につらく当たってしまった」もしその人の両親が他界していたら、この答えが出てくる可能性は特に高い。もしそうなら、そして両親と疎遠だったり仲が悪かったりしたら、その答えは胸をえぐられるようなものだろう。そしてとてもよい子どもだったとしても、自分がもっとできたのではと思って、同じ後悔を抱くかもしれない。それを口に出すときに、ちょっと涙が浮かぶかもしれない（いまの私のように）。この答えを述べた人にとって、親が墓の向こうから戻ってきてこう言ったらどれほど感動的だろうか。「おまえは私が持てたはずのあらゆる子どもの中でも最高の一人だったし、一瞬たりとも後悔すべきではないし、私はおまえを愛しているよ」あるいはそれが非現実的なら、こんなことを言ってもらえたらどうだろう。「ああ、確かに私たちはけんかをしたよな。でも親子ってそういうものだろう！　だれも完璧ではないし、特にこの私は欠点だらけだ。私もおまえもまちがいはする。しょせん人間だからな。おまえは私の子で、お互い心にかけているし、私はおまえを愛しているよ」

最大の後悔についての質問をしたら、少なくともある世代の人からは、こんな答えが出てくる可能性も高いはずだ。「私はダメな親だった」成人した子どもを持つ人々は決して「もっと仕事をがんばればよかった」なんて思ったりはしない。むしろこう考える。もしやり直せるものなら、ずっといい親になるぞ、と。子どもと疎遠だったり仲が悪かったりしたら、それは胸をえぐられるような思いだ。でもすばらしい親だったとしても、もっとずっと改善できたと思うかもしれない。

こういう答えをする人物の場合、子どもが家まで運転してくれたり、飛行機に乗ったりしているときこう言ったらどう思うだろう。「いやあ、ぼくを本当に愛してくれたよね。もう毎日感じていたし、いまも感じているよ。一瞬たりとも後悔の必要なんかないよ。もちろん完璧ではなかった。でもぼくにとって、あなたは世界最高の親だった」。あるいはそれがやりすぎなら、こんなのはどうだろう？「お父さんは最高の親ってわけじゃなかったし、こっちも最高の子どもってわけじゃなかった。でも遅すぎるなんてことはない。愛しているよ。今夜、夕食でもどう？」

スター・ウォーズは独自のやり方で、最も深いところで語っているのはこれだ——父親、息子、救済。スター・ウォーズが最も深いところで語っているのだ。それは父親の愛が不可欠だと指摘し、少年だろうと少女だろうと、それを手に入れるためにどれほど苦労をいとわないかについていろいろ物語っている。

「大げんか」

あらゆる子どもにとって、父親はときには、一種のダース・ベイダーのように思えるはずだ——巨大で背が高く、おっかなくて、響き渡る深い声を持ち、とんでもなく強力で、少なくとも潜在的には暴力的だ。少年だろうと少女だろうと、父親はジェダイでもありシスでもある——優しく、穏やかで善良なオビ＝ワン・ケノービでもあり、熾烈で恐ろしいベイダーでもある。もちろん、父親ごとにその組み合わせは独特だ。でもほとんど全員が、少なくとも子どもから見ればダークサイドにすぐアクセスできるようだし、その強大な力からして、何でもできるように思えてしまう。

最初の三部作でルーカスは父と息子についてはかなり原初的なところまで描いたし、その物語は万人向けとはいえ、なぜそうだったかについて、個人的なヒントも述べている。ルーカス自身の父親との関係は、うまくいっておらず、こじれていたとさえ言える。失望と命令と禁止だらけの関係だった。ルーカスのインタビュアーの一人が指摘したように、かれの父は「強権的な超右翼のビジネスマン」として知られており、ルーカスの知り合いはみんな「ダースとルークの厳しい関係は、多くの面でルーカス自身の父親との関係からきていると主張していた」。

ルーカスの父親は（少なくとも我々の知る限り）ダークサイドにこいと説得したりはしなかったし、父と息子で宇宙を支配しようと招いたりもしなかった。でも夢を捨てて家業に加わるよう説得はした。「父親は事務用品ビジネスに入ってオフィス機器店を経営してほしいと思っていた。（中略）私がそれを断ると、かなりがっかりしていた」。どう見ても、この問題をめぐる両者の対立は荒っぽいもので、一時はそのために両者は口もきかなくなった（この点は熟慮に値する。一時的とはいえ、親子が疎縁になるのはきわめて痛々しいものだ。私も含めみんな経験がある）。ルーカスが、さりげなくも断言したように「十八歳のときに、大げんかしたんだ。父は家業を継げと言い、私は拒否した」。その父親に言わせると「私は息子とけんかした。あんなろくでもない映画稼業に入ってほしくなかったんだ」。父親がこれを述べたのは何年もたってからだが、それでもまだ遺恨が感じられる。「ろくでもない映画稼業」ときた。

確かに、ライトセーバーはなかった。だれも手を切り落とされはしなかった。でもどんな息子も父親の承認を求めるし、ルーカスはなかなかそれを得られなかった。ルーカスは感動的に述べている。「人生で達成すべきことは一つしかなくて、それは両親に誇りに思ってもらうことなんだ」。そしてあらゆる子どもは、自分の両親の正体を知りたいと渇望する。みんな、それをつきとめることはあるのか？　私にはよくわからない。

自分とスティーブン・スピルバーグについて、ルーカスはこう語ったことがある。「私たちの映画はほとんどどれも、父と息子についてのものだ。それがダース・ベイダーだろうとE．T．だろうと、私たちの映画を観てその点に気がつかずにはいられないと思う」。実に広範な映画を作り、なかでも有名なものが惑星や宇宙船やドロイドを扱っている人間としては、かなりの発言だ。そしてもっと個人的に、かなり優しい言い方でこう述べる。「両親は、必死で正しいことをやろうとする。別に子どもをやっつけようと意図しているわけではない。ダース・ベイダーにはなりたくないのだ」

ルーカス自身は父親と仲直りできたが、両者が和解するには何年もかかった。以下の言葉には、かなりの苦痛と理解がこめられている。「父は存命中に、私が無価値な『遅咲き』と称する存在から、実際に成功した人物になるのを目撃できた。私は、あらゆる親が求めるものを与えたんだ。自分の子どもが安全に育ち、自分の面倒を見られるようになることだ。父が求めていたのはそれだけだし、そして父はそれを得たんだ」

『ジェダイの帰還』後にルーカスが、たった一つの理由でスター・ウォーズを放棄し、映画作りも放棄したのは無関係ではない。ルーカスはよい父親になりたかった。二十年にわたり引退して、子育てをしたのだ。二〇一五年に追悼文の書き出しをどうしてほしいか尋ねられると、かれはためらうことなく答えた。「私は立派な父親だった」

ルークの贈り物

最初の二つの三部作——ルーカスの創った半ダース——は「アナキン・スカイウォーカーの救済」と題されるべきだ。救済は、強い執着、またの名を愛の結果として生じる。この執着形態こそが、アナキンのダークサイド転落の理由なのだ。愛ゆえにアナキンは転落する。愛する者を失うのに耐えられないのだ。アナキンの心こそが、かれに苦境をもたらすものなのだ。

この執着はまた、光の側へと復帰を選ぶ理由でもある。息子が死ぬのを見るにしのびないのだ。結局のところスター・ウォーズは、執着なくして人は救われないと主張する。このサーガで最も強いメッセージはこれだし、そのためにスター・ウォーズは、人々の奥深い自己に語りかけるのだ。

救済は、許しと深い関係にある。許されたなら、特にだれにもまして自分自身に許されたなら、救われることができる。ルークは父を許す（あらゆるところの子どもたちへのよい教訓だ。ルークが銀河系最悪の人間を許せるなら、まちがいなくどんな親でも許せるはずだ。遺恨を抱く人々にもよい教訓だ。恨みは捨てよう）。最期に向けてすら、ルークはベイダーにその至高の贈り物を与えようとする。その許しを通じてルークはベイダーを救う。ルーカスが述べたように「ベイダーを信じる子どもの愛と子どもの共感を通じてのみ、怪物でありながらベイダーは自分自身を救うのだ」。

スター・ウォーズは、何か特定の宗教に限られてはいない。でもこの点でそれは、本当にキリスト教的な物語と言える。

『フォースの覚醒』で、ハンはルークが自分の父親（カイロの祖父）に対して示したのとまったく同じ態度をカイロに示す。確かにこちらはそんなにうまく行かなかった。でもまあ、待っていなさい。三番目の三部作で、私は何らかの救済が待っていると予言する。それも、救われるのは一人だけではない（いずれわかります）。

「でもそんなことをしたら死んでしまう」

『新たなる希望』で、アナキンは悪魔的な存在であり、邪悪を体現している。それが善良になるのは、息子がかれの中の善良さを見たいと主張し続け、そして父を愛することを選び、そして最終的には父も息子を愛し返すことを選ぶからだ。マーチン・ルーサー・キング・ジュニア牧師も、関係したことを述べている。「我々の最悪の者の中にも多少の善はあり、最高の者の中にも多少の邪悪がある。これを発見したとき、我々は敵を憎む必要が少し減るのだ」個人的な和解は、しばしばこの真実を認識するところからくる。同じことが政治の領域でも言える。憎しみあっていた人々が和解したり、抑圧する側とされる側が同じ市民仲間になるときに起きているのは、そういうことだ。ネルソン・マンデラはこれをよく理解していた。

救済の場面は、父と息子の激しい戦闘の後にやってくる（息子はみんなそれをとてもやりたがっている一方で、その発想を嫌い、怯えてもいる）。ベイダーは、『帝国の逆襲』と同じように勝つはずだった。ずっと巨大だし強そうに見える。でもヨーダの訓練を受けたルークは上手《うわて》だ。ベイダーは後退を強いられ、バランスを失い、階段を転げ落ちる。ルークは階段の上に立ち、攻撃しようとする。そして勝利寸前でそれを拒む。その柔らかい若々しい声でこう言うのだ。「お父さん、あなたとは戦わない」。その恐ろしいバリトンでベイダーは答える。「守りを甘くするな、愚か者」。そしてベイダーはルークに妹がいると感じ取り、一種の最後通牒で脅しをかける。「オビ＝ワンめ、うまく隠したものだ。だがこれで彼のもくろみも消えた。お前が暗黒面に入らぬなら妹を引きずり込むまでだ」

この段階でルークはダークサイドの怒りに堕ち、怒りを使って父の右手を手首から切り落とす（一種の去勢だ）。ベイダーはもはや息子にされるがままだ。皇帝はルークに言う。「よろしい！　憎悪がおまえを強力にした。さあ、いまや運命を成就させ、父親に代わって我が傍らの座に着くのだ！」でも自分がなりかけたものを拒絶したルークは、父親殺しを拒否する。「あなたは失敗したのだ、陛下。ぼくはジェダイだ。ここにいる父のように」。そしてこのとき、皇帝はルークに稲妻を投げつけて殺そうとする。キリストのようにルークは懇願する。「お父さん。お願いです。助けてください」。そして最後の最後に、ベイダーは皇帝を抱え上げて投げ落として殺し、息子を救う。でもベイダー自身も死にかけている。
救済の場面は以下の通りだ。

ダース・ベイダー：　ルーク……このマスクを取るのを手伝ってくれ。
ルーク：　でもそんなことをしたら死んでしまう。
ダース・ベイダー：　いまや……それはもう止められない。一度でいい……おまえを……この目で見たい。
（ルークはベイダーの仮面を少しずつはずす。その下には、青白い、傷ついてはげた老人がいる——父アナキンだ。アナキンは悲しげにルークを見るが、疲れた微笑を浮かべる）
アナキン：　さあ……息子よ、行け。私を置いてゆくのだ。
ルーク：　いやだ。いっしょにきて。ここに残していったりはしない。お父さんを救わないと。
アナキン：　すでに……救ってくれたよ、ルーク。おまえの言う通りだ。私はおまえの言う通りの存在だった。妹に……おまえが正しかったと告げてくれ。
（アナキンはにっこりすると、目が焦点を失い、そして臨終の息をしつつ、頭ががっくり垂れ下がる）

おとぎ話にしてはなかなかだ。というか、かなりのできだ。すばらしいとさえ言える。そしてノベライゼーションからの素敵な一節。「この少年は善良であり、そしてこの少年はベイダーから生まれた――だからベイダーにも多少の善はあったはずだ。かれは再びほほえんで息子を見上げ、そして初めて息子を愛した。そして、長い年月の果てにようやく、自分自身をも再び愛したのだった」（我々が他人を愛する理由の一つは、自分自身を愛するのを助けてくれるからだ。ルークはそれをアナキンのためにやった。ハンもそれをカイロのためにやろうとした）

ここでの対話の品質はいささかがっかりするものではある。ルーカスは神話なら知っているし、驚異的なビジュアル想像力もある。でもほとんどの場合、感情面ではあまり強くない。編集は好きな一方で、他の人と働くのは必ずしも好きではない（前日譚では、ドロイドばかりがどんどん増える。そこらじゅうドロイド軍団だ。いたるところ、いつでもドロイドだ）。ハリソン・フォードはルーカスにこんなことを言ったという。「こんなクソは、タイプできても口には出せないよ」ルーカスは、せりふには苦労すると告白している。「自分はかなりひどい脚本家だと思う」とかれは言った。「せりふが書けないというのは自分でもよくわかっている。（中略）あまりせりふが好きではないんだ。それが問題の一部ではある」そしてフォードがインタビューで述べたように「ジョージはああいう人間的な状況を扱うのがいちばんうまいというわけじゃないんだ――控えめに言ってもね」。

でも最初の三部作で決定的な瞬間に、ルーカスは期待に応えたせりふを出している。その具体的な人間の状況を扱うのは、ルーカスがいちばん長けていた。そして自分が何をしているか、よくわかっていた。この点ではだれもごまかしていない。

ルーカスは様々なネタ元を使った。ルークの旅の場合、それはジョーゼフ・キャンベルの『千の顔をもつ英雄』だ。シリーズ全体がキャンベルの説明通りに進む。でも父が息子を救うために自分を犠牲にして、生涯にわたる人生の目的を捨て去り、死んでゆくという発想？　これはルーカスの独創だ。きわめて独創的だ。

それこそが「私がお前の父親だ」を超えるのだ。

「執着は禁じられている」――そんなことはない！

前日譚の三部作は、明らかに何よりも一つのことを述べている。執着の危険性だ。アナキン自身の言葉を使うと「執着は禁じられている。所有は禁じられている」。ヨーダの台詞では「恐れを捨てよ、そうすれば喪失で傷つかない」。明らかに仏教に影響を受けたルーカスは、意図的に「手放せない」が故に悪に向かう人物を描いた――母親と愛する者を手放せなかったのだ。喪失の恐怖がアナキンの転落をもたらす。そしてもちろん、この主題はルークの物語にも大きく登場する。ルークが無謀でダークサイドに弱いのは、自分の愛する人々を失うのが怖いからだ。「友人たちがひどい危険にさらされているから、もちろん救わなくてはと思うのだ」

再びヨーダのせりふだ。「失うのを恐れるものを手放すよう自らを訓練せよ」またもやヨーダ。

「ダークサイドなのだ、絶望とは」。理由は？　「絶望ですら執着だ。それは痛みを握りしめるようなものだ」

論点は単純だ。何かに執着すれば、弱さが出る。ヨーダの有名なせりふを思いだそう。「恐怖は怒りにつながり、怒りは憎悪につながり、憎悪は苦しみにつながる」。超然とした距離感こそが最善の道であり、唯一の安全な道だ。それはカタストロフ的な選択を防ぐからだ。ルークはベイダーが妹を探し出すと言ったので、怒りのためにジェダイの騎士として落第しかかる。アナキンは超然とできないためにジェダイの騎士失格となる。愛する者たちを生き返らせる道を求めて必死なのだ。ルーカスが述べたように「その失墜は愛しすぎたということなのだ」。

シスが復讐を実現するのは、アナキンが死を恐れるからだ——自分自身の死ではなく、かれの愛する人々の死だ。アナキンはその恐れの結果としてひどい選択をする。そして実は、西洋哲学でも東洋哲学でも、傑出したものは超然主義を強く支持する。禁欲主義も仏教も、執着を捨てろと述べ、喪失の恐れに伴う危険を強調する点で、スター・ウォーズはこうした伝統に大きく負っている。哲学者マーサ・ヌスバウムが述べるように「禁欲主義者は決して死を悼むなと述べる」。「キケロは、よき禁欲主義の教父の台詞として、自分の子どもが死んだら『自分の生み出した子どもが死すべき存在だというのはずっと知っていた』というのを挙げている」

だが『ジェダイの帰還』でアナキンは、超然主義とよそよそしさだけでなく、その正反対のものにも救われる。かれは息子が死ぬのを見るにしのびないがために、皇帝殺しを選ぶ（ばかげた禁欲主義者なんか蹴飛ばそう。こちらを選ぶのがアナキンの道だった）。

ヨーダが何を言ったにせよ、アナキンは喪失の恐怖と愛に救われることになったのであり、超然性に救われたのではない。だからかれは、その救済の選択をするときに、かつての自分と完全に連続性を持ち、ダークサイドに導かれたのとまったく同じ属性を示しているのだ。ルーカスがこの点を強調したとき、かれはまちがいなくフォースと共にあった。物語の点から言えば、これはルーカスの最高点だ。

アナキン・スカイウォーカーの救済は、だれか個人の闘争を超越している。その真の主題は普遍的だ。その無垢さと善良さ、その果てしない許しの力、そして信念と希望の力を通じ、子供たちは親を救い、かれらの最高の自己を引き出すのだ。そしてあらゆる子どもが心の奥底で知っているように、どんな親も子どもの命を救うためなら自分の命を投げ出す。それが皇帝その人との対決を必要とする場合ですらそうなのだ。父がその選択をするとき、フォースはまさに父親と共にあるのだ。

私はこれが好きだし、そしてこれを信じている。

エピソードⅥ：選択の自由
運命や予言は関係ない

だれでも日々、英雄になるかならないかの選択肢を持っている。誰かを助け、人々に親切にして、尊厳をもって人々を扱うこともできる。そうしないこともできる。

——ジョージ・ルーカス

アメリカ国歌のいちばん有名なくだりは次の通りだ。「ああ、あの星条旗はいまでも／自由の土地と勇敢なるものの故郷の上にはためいているか？」そしてこの一節で最も重要なのが「自由の土地」だ（それを新鮮で真新しいものとして聞き直してみよう）。『新たなる希望』が作られたアメリカは、一九六〇年代を終えた後で、公民権運動やソ連、ウォーターゲート時代が影を落としていた。自由は国の理想で、それが深刻な危険にさらされているようだった。公民権運動は、多くのアメリカ人が真に自由ではないと示唆していた。『新たなる希望』が公開された頃には、マーチン・ルーサー・キング・ジュニア牧師の以下のことばは、遠い思い出などではなかった：

ニューハンプシャーの豊穣な丘の上から、自由の鐘を鳴らそうではないか。
ニューヨークの稜々たる山々から、自由の鐘を鐘を鳴らそうではないか。
ペンシルベニアのアルゲニー高原から、自由の鐘を鳴らそうではないか。
コロラドの雪を頂いたロッキー山脈から、自由の鐘を鳴らそうではないか。
カリフォルニアの曲線の美しい丘から、自由の鐘を鳴らそうではないか。
それだけではない。
ジョージアの石ころだらけの山から、自由の鐘を鳴らそうではないか。
テネシーの望楼のような山から、自由の鐘を鳴らそうではないか。
ミシシッピーの全ての丘やもぐら塚から、自由の鐘を鳴らそうではないか。
すべての山々から、自由の鐘を鳴らそうではないか。

ジョージ・ルーカスを含む多くの人々にとって、ニクソン政権はかなり深刻な脅威だった。この政権は政治的な敵を、税制濫用でこらしめて平気だった（進んでそれをやった！）。「敵の一覧」を作り、賄賂《わいろ》や脅しを使い、民主党を盗聴さえした。アメリカは自由そのものさえあきらめる気だろうか？　しかも自発的に？　一九七四年八月、ニクソンは弾劾のさなかに辞任したが、弾劾裁判が続けばまちがいなく大統領職を追われていただろう。ニクソン政権の影は、スター・

ウォーズの執筆と受容に大きな影を落としている。

もちろん、アメリカとソ連の間で継続していた闘争は背景事実として重要だった。ロナルド・レーガンが「悪の帝国」という言葉を使ったのは一九八三年になってからだった（すでに述べたように、これはスター・ウォーズの影響かもしれない）。でも一九七〇年代に、多くのアメリカ人は東欧が一種の監獄だと思っていて、アメリカこそが自由のかがり火であり、冷戦を戦っているけれど、勝利が確実とはとても言えないと思っていた。ニクソン政権を警戒してはいても、みんなアメリカの制度機関が自由を重視し、それが貴重で脆《もろ》い成果を示していると信じていた。ヘタをすると共産主義が勝ってしまうかも？

帝国への反乱を描くスター・ウォーズは、政治的自由を賞賛する。それがフォースの光の側とダークサイドとの中心的なちがいだ。でもスター・ウォーズはまた、ずっと大きくずっと身近なものを追っていた。それは人間の状態についての主張をしている。それは個人の生活について語っており、政治的な制度について語るだけではない。深い哲学的な論争について、疑問の余地のない立場を取っている。選択の自由が、みんながどう思っていようともある意味で不可侵だと述べているのだ。

父親は家業を継げと言い、ヨーダはダゴバに残れと言い、ファースト・オーダーのキャプテンは出勤しろと言うかもしれない。でも結局、それをやるかはあなた次第だ。もちろん、自由を行使する代償は大きいかもしれない。それでも、あなた次第なのだ。

自由と自動操縦

ローレンス・カスダンはスター・ウォーズについてこう述べている。「『フォースの覚醒』『新たなる希望』『帝国の逆襲』――これらは、自分の内側にあるものの実現についての映画だ。それはだれでも親近感を持つストーリーだ。私くらいの歳寄りになっても、いまだにそれを突き止めようとしている。驚異的ながら、それが事実だ。自分の正体、自分が何のための存在か、自分の可能性を実現できたか、できていないなら、まだ時間があるかどうか？　スター・ウォーズ・サーガはそれを描く」

特殊効果や生き物や勇ましい音楽と同じくらい、カスダンの説明はあの映画シリーズがもたらす高揚感を説明してくれる。ルーク、ハン、アナキン、レイ、フィン、カイロを考えよう。主要な瞬間に、かれらはみんなカスダンの四つの質問を自問する。ルークはオビ＝ワンについてオルデランに向かい、ハンはルークの命を助け、アナキンは皇帝を殺す。フィンはファースト・オーダーを離れ、レイはルークのライトセーバーを手にして、カイロは――まああまりよくはないけれど、でも自由な選択にはちがいない（シスですら、人々が光と闇の選択をするときには自由を尊重する。シスの側に着くなら、それは自発的でなければならない）。

農場少年だろうとゴミ拾いだろうとストームトルーパーだろうと、人々は人生のほとんどを自動操縦で暮らし、まるで自分の状況から逃れられないかのように振る舞う――農場、口論、ひどい関係、ひどい仕事にとらわれているかのように。カスダンの疑問を問いかけることはほとんどない。でも問うてみるべきだ（あなたも）。その問いは解放してくれるし、それを尋ねるだけで、すべてを一変させられる。フィンはまちがいなくそれを知ったし、ちがう意味とはいえ、ハンもそれを知った。スター・ウォーズ・シリーズは楽しい映画だけれど、でもこれは真面目な論点だ。ブルース・スプリングスティーンは「ロング・タイム・カミン」でこう歌う。「ああ、おれにも自分の子どもがいる／この神の見放した世界で一つおまえに願いがあるとすれば／おまえのまちがいがおまえ自身の選択であるように、ということ／おまえの罪がおまえの選んだものであるように」

人には常に選択の自由があるというのは、ルーカスが言いたかった最も重要なことの一つだし、その後継者もそれを言い続けている。スター・ウォーズを愛する人々は、それをはっきりと聞き取っている。ここでの論点は単純明快だから、手短にすませよう。

哲学

もちろん自由意思の存在をめぐっては、複雑な学術論争がある。人は選択の自由があるのか、それともそんなものはないという決定論を支持すべきか？

この論争の一部は実証的なものだ。人々の選択のうち、どこまでが環境に決められているかを考えようとする。行動科学の相当部分は、本当に重要なのは環境だと示唆している。貯蓄するか消費するか、体重を減らせるか、公平に振る舞えるか、就職できるか、幸福でいられるかさえもが、社会的文脈のちょっとした特徴次第だ。人は一種の選択アーキテクチャの中で暮らしており、それが人の選択に決定的な影響をもたらす（天気も選択アーキテクチャをもたらすし、音や色もそうだし、フォントのサイズもそうだ）。それと同じことが、だれかと恋に落ちるか、ダークサイドに堕ちるか、父を殺すかそれとも救うかについても言えるだろうか？　これは極端な見方かもしれない。でも事実かもしれない。

哲学内部だと、この論争はもっと概念的なものだ。見方によっては自由意思は、人が自分の最も奥深い価値観に沿った選択をするときに存在する――人が熟慮の末に肯定するような価値観に沿うものが自由なのだ。医者になろうとか、禁煙しようとか、職場でもう少し優しくなろうとか思うとき、おそらくは自由意思を行使しているのだ。哲学者ハリー・フランクファートは、人の求めるもの（タバコ、追加の睡眠時間、ダークサイドへの訪問）と、人が求めたいと求めるもの（タバコなし、もう少し仕事、光の側）を区別する。フランクファートは、人々がかれの言う二次的欲望にしたがって行動すれば、自由意思を行使しているのだと論じる。フランクファートにとって自由は自己支配の理想と大いに関係している。

これは議論の分かれる見方で、否定する人もいる。この哲学論争について言えば、スター・ウォーズは二つ論点がある。まず、フランクファートは基本的に正しい。重要な瞬間に、スター・ウォーズのヒーローたちは最も奥深い価値にしたがって行動する（それによりカスダンの問いに答える)。それを自由に選び、そのような形で自由を表現する。それによりかれらは自由となる。第二に、自由意思は実在する。あらゆる瞬間——大小問わず——人は自分の人生をどうするか選べる。交際相手と別れることもできるし、仕事を辞めることもできる。人を助けてもいい。人命を助けようとしてもいい(自分の命であっても)。

ルーク・スカイウォーカーとオビ＝ワン・ケノービについての映画は、長年続く学術論争は解決できないけれど、メッセージは明らかだ。ちなみに、それが正解でもある。

「アナキンはイエスといい、ルークはノーという」

多くの人がスター・ウォーズの前日譚を罵倒するし、それも無理はない。最初の三部作の足下にも及ばないできだからだ。でも独特な形で、それは美しいばかりでなく、かなり巧妙だ。最高の部分を挙げよう。最初の三部作での選択がすべて、前日譚で正確に繰り返されているのだ。この二つの三部作は、ほとんど同じ条件下での選択の自由をめぐるものなのだ。ルーカスはこれを完全に自覚していた。「ルークは、アナキンが直面するのと同じ問題や、実質的に同じ場面に直面する。アナキンはイエスといい、ルークはノーという」

『クローンの攻撃』でアナキンは、母親が苦しんでいるビジョンを見る。これはルーク自身のビジョンと並列している。そしてそのビジョンのおかげで、アナキンはパドメを守るという任務に違反することになる。かれは故郷に旅して母親を救い、その中で母の死を受け入れろという義父の助言を無視する。母を救えないので、アナキンは文字通り致命的な選択をする。ライトセーバーを抜いて、責任があると思った人物たちを虐殺するのだ。

『シスの復讐』で、アナキンはルークと同じく、敗れた敵の運命を決めねばならない。ルークはアナキンの命を助ける。アナキンはちがう道を選ぶ。早い時期にアナキンは、皇帝のすすめでドゥークー伯爵を殺すことにする。見る人の気分次第では、実に刺激的な場面だ。パルパティーン：「いいぞアナキン、いいぞ。おまえならできると見込んでいた。殺せ、今すぐ殺せ！」アナキンは答える。「殺すべきではない」。でも殺してしまい、こう訴える。「自分を止められなかった」。フランクファートに一点。かれは一次的欲望にとらわれており、二次的欲望が「殺すべきではない」と反対してもそれを抑えられないのだ。

前日譚の決定的な場面で、『ジェダイの帰還』の状況が明示的に逆転させられている。アナキンがパルパティーン（ダース・シディアス）を救い、最終的にメイス・ウィンドゥを殺させる場面だ。ウィンドゥがパルパティーンを破ろうとしているとき、シス卿はアナキンに助けてくれと懇願し、次の決定的な台詞を述べる。「おまえは選択をしなくてはならない」。アナキンは選択して、パルパティーンを選ぶ――そしてダークサイドへと向かう。その場面だ：

アナキン・スカイウォーカー：（メイス・ウィンドゥの死後、取り乱して）なんてことをしてしまったんだ。

ダース・シディアス：　おまえの宿命を成就しておるのだよ、アナキン。我が弟子となれ。フォースのダークサイドを使うすべを学ぶのだ。もはや後戻りはできない。
アナキン・スカイウォーカー：　お望みのことは何なりとやりましょう。とにかくパドメの命を救うのを助けてください。彼女なしでは生きていけません。彼女が死んだら自分が何をするかわからない。
ダース・シディアス：　死を出し抜くのは、フォースを何世紀も学んだ者しか実現できないことだ。だが我々が共に活動すれば、永遠の命の秘密も明らかとなろう。
アナキン・スカイウォーカー：　私はあなたの教えに身を投じます。シスの道へと。
ダース・シディアス：　よいぞ、よいぞ！　おまえのフォースは強いぞ、アナキン・スカイウォーカー。さぞ強力なシスとなるであろう。今よりおまえはダース……ベイダーとなる。
アナキン・スカイウォーカー：　ありがとうございます……我がマスター。
ダース・シディアス：　ベイダー卿よ……立つがよい。

重要な瞬間には、運命や予言は単なる背景雑音だ。シディアスは、運命の話をする。でもアナキンが自分で選択をしたのは明らかだ（「私はあなたの教えに身を投じます」）。幾度となくスター・ウォーズの最も重要な登場人物たちは二つの道に出くわす。そしてその双方の帰結について何かを直感し、それに応じた選択をする。パドメは主張する。「いつだって選択肢はある」何十年も後、二人の息子を皇帝から救う決意をするとき、アナキンは彼女の声のこだまを耳にしたのだろうか？　そう思いたいところだ。

「目ん玉を開いておく機会もたくさん得られる」

『新たなる希望』で、ハンが一見すると反乱軍を見捨てるように見えることについて、レイアはこう語る。「他人に進む道を強制することは誰にもできないわ」。同じく『新たなる希望』でオビ＝ワンはルークにこう語る。「ではもちろん、きみ自身が正しいと思うことをしなければ」。ルーカス自身はこう語る。「人生は人を奇妙な道に送り出す。そして人は目ん玉を開いておく機会もたくさん得られる」ルーカスは自分の人生について語っているのだけれど、スター・ウォーズやその登場人物の話をしていてもおかしくない。

最初の三部作で、ダース・ベイダーはルークにこう語る。「おまえの宿命なのだ。私に加わって、父と息子として銀河系を支配しようではないか」まちがいだ！　皇帝はルークに語る。「避けられない。おまえの運命だ。おまえも、父親と同じく、いまや……我がものだ」これまたまちがいだ！

選択こそが、アナキンを破滅させ、救うものだ。そしてそれこそが、ハンを反乱軍の戦士に変えるものでもある（ある意味で）し、ルークをジェダイにするものでもある。選択によりフィンはレジスタンスの戦士になり、レイはジェダイ候補となるのだ。またもルーカスの発言だ。「人は自分の運命をコントロールできる（中略）。たどれる道はいろいろあるのだ」

二〇一五年のインタビューで、この点についてカスダンはこう述べる：

私が書いたいちばん気に入っているせりふは、『レイダース／失われた聖櫃《アーク》』でのものだ。サラーがインディに「どうやって箱を取り戻すんだ？」と尋ねる。するとインディは「知らない。走りながらでっちあげるんだ」と言う。これはあらゆる人物の物語だ。インディ・ジョーンズにとって、これはたまたまかなりドラマチックとなる。トラックに乗る、馬に乗る、という場合もあるが、私やあなたでも、走りながらでっちあげてる。私はこう行動する。生きるために私はこう行動したい。こういう行動はしたくない。走りながら、そうやって人生をでっちあげる。これは実に強力なアイデアなんだ。それがとてもエキサイティングだから。

まったくだ。

エピソードⅦ：反乱軍

なぜ帝国が倒れ、なぜレジスタンス戦士たち（とテロリスト）が蜂起するのか

フィン：　ハン・ソロって、反乱軍の将軍？
レイ：　いいえ、密輸業者よ！

スター・ウォーズは政治論考ではないが、政治的なメッセージはある。なんといっても、帝国を共和国に対比させ、ファースト・オーダーをレジスタンスに対比させ、主人公たちは反乱軍だし、銀河系に平和と正義を復活させたがっているのだ。
それがこのサーガの普遍的な魅力の一つだ。どんな政治的志向の人だろうと、どこに暮らしていようと、何らかの皇帝はいるだろうし、反乱軍やレジスタンスに多少の親近感は抱くはずだ。先生や上司が皇帝に思えるかもしれない。国の指導者がパルパティーンを思わせるかもしれない。野党がレジスタンスかもしれない。スカイウォーカーを支持しているかもしれない（アメリカでは、多くの人がジョン・F・ケネディを一種のルークだと見ていたし、レーガンやオバマもそう見られていた）。

ジョージ・ルーカスは、まちがいなく政治的な思想を抱いていた。すでに述べた通り、パルパティーン皇帝はリチャード・ニクソンをモデルにしているし、ベトナム戦争がこの物語に関係のある背景を提供した。当人のことばではこうなる。

『地獄の黙示録』を続けるよりも、『スター・ウォーズ』の作業を始めたんだ。『地獄の黙示録』は四年ほどかけていて、非常に強い思いを抱いていた。やりたかったんだが、先に進められなかった。（中略）『地獄の黙示録』への興味の相当部分は『スター・ウォーズ』に盛り込まれた。（中略）ベトナム戦争についてだからあの映画は作れないと判断して、だから使おうと思っていたいくつかの興味深いコンセプトを扱って、それを宇宙ファンタジーに変えて、要するに巨大技術帝国が自由の戦士の小集団や人間たちを追いかける話にしたんだ。（中略）北ベトナムみたいな小独立国が、近隣国や地域の反乱軍とか、帝国の支援を受けたギャングにそそのかされた連中に脅《おびや》かされるわけだ。（中略）帝国は、一〇年後のアメリカみたいで、ニクソンのギャングどもが皇帝を暗殺して細工をした選挙で権力の座についたみたいなものだ。反乱集団を支援する人種暴動をそそのかしたりして、社会の無秩序を創り出し、犯罪率を上昇させて「完全支配」の警察国家が人々に歓迎されるほどにするんだ。すると人々は、高い税金や電気代や交通費で収奪されるようになるんだ。

スター・ウォーズが中央集権的な権威を批判し、その反乱的な心がそれに抵抗する人々と共にあるというのは、かなり明白だ。後にルーカスの示唆では、『新たなる希望』を作ったのは「ニクソンが大統領第三期を目指していたときだった——というか憲法を改正させて、自分が第三期を務められるようにしようとしていた頃だ——それで私は、民主主義が独裁制に変わってしまうことについて考えるようになったんだ。クーデターか何かで乗っ取られるというんじゃない。民主主義が自ら圧政者に身を譲り渡すんだ」（実はニクソンは第三期を目指したりはしていないし、改憲も目指していなかった。でもルーカスはお話がうまい）。

もっと最近だと、ルーカスは『シスの復讐』公開後にヨーロッパ訪問した話をしている。「記者が一ダースもいて、ロシアの記者たちはみんな映画がロシアの政治についての話だと思い、アメリカ人たちはそれがブッシュの話だと思ったんだ。そして私は『いや実は、ローマに基づいているんだ。それとフランス革命とナポレオンだね』」。前日譚は、圧制の台頭と民主主義の崩壊を扱っている。圧政者が権力を握る手口を検討し、共和国がその犠牲となる様子を示す。

自由の喪失についてはは様式化された説明があり、パドメがそれをうまく捉えている。「これで自由は死んだわ。万雷の拍手の中でね」（ナチスドイツの話はもうすぐ出てくる）。政治や共和国の死について言えば、スター・ウォーズは実にわかりやすい話をする。社会を犠牲にして権力を貯め込もうとする無数の皇帝候補に対し、市民が警戒しなくてはならないと警告する。だからこそ、実に多くの国々の人々が、スター・ウォーズの政治を理解できるのだ——そしてそれは永遠に続く。

J・J・エイブラムスがある雑誌インタビューで説明したところでは、『フォースの覚醒』は「ナチスがみんなアルゼンチンに渡り、そこでまた活動を再開したらどうなっただろうという会話が発端だった。そこから何が生まれるだろう？　ファースト・オーダーは、本当に帝国を崇拝する集団として存在できるか？　帝国の仕事が成就されていないという解釈はできるだろうか？　ベイダーは殉教者になれるだろうか？　成就されなかったことを実現するニーズが生まれるだろうか？　それが第三の三部作の起源なんです」。

侵略を委員会で議論

スター・ウォーズは権力分離に夢中だ。共和国や帝国の話をするけれど、でも実際には民主主義とファシスト政治とを対比させている。これが前日譚の中心テーマだけれど、最初の三部作にもこのテーマは見つかる。大統領行政府の制約は何で、宰相（または大統領）の制約は何なのか？　どんな条件で高官は至高の権力を主張するようになる？　立法府は最も民主的な権力ではないのか？　そのためにそれは破綻するのだろうか？　いつ立法府は崩壊する？

パルパティーン皇帝が権力の座に上り詰めるのは、共和国の代議士たちが果てしなく無意味な口論を繰り広げているからだ。その口論の直接的な結果としてかれは権力を握る（二一世紀の一部のアメリカ人たちも似たような口論を目撃しているので、そうした権力掌握も切実さを失っていない）。パドメはこの問題を見通す。「私が選出されたのは、この侵略を委員会でみなさんが議論する間に、国民が苦しみ死ぬのを見るためではありません」アナキンもそれが見えている。「政治家たちがしっかり問題に取り組み話し合って、民衆の利益を考えた政策に徹するんだ」パドメは思案する。「かれらがそうしなければ？」アナキンは言う。「そうさせるべきだ」

「議会解散の条例」

この会話には政治がある。スター・ウォーズ・サーガは行政権力が一人に集中するのを本当に嫌う。シリーズはこの点では一貫している。『シスの復讐』では、皇帝の権力掌握における重要な瞬間についてこう述べる。「元老院はあまりに多くの権力を譲渡したので、かれの権限がどこで停まるかを見きわめるのはむずかしい」『新たなる希望』でターキン将軍はこう報告する。「帝国元老院はもはや我々には何の懸念にもならないぞ、諸君。ちょうど皇帝が、あの見当違いの組織を永遠に解散させたという報告が入ってきた」

前日譚の草稿を書いているとき、ルーカスは民主主義から独裁制への移行を研究し始め、「なぜ議会はカエサルを殺したあとで、方向を変えて政府をその甥っ子にくれてやったのか？（中略）なぜフランスは王を始末したのに、そのシステム全体が向きを変えてそれをナポレオンにくれてやったのか？」を調べた。そしてこう述べる。

ドイツとヒトラーでも同じことだ。（中略）民主主義が独裁制に変わるときの、くり返し出てくる主題がなんとなく見えてきて、それはいつも同じような感じで起きて、同じような問題が生じ、外部からの脅威で、もっとコントロールが要ることになるんだ。民主的機関、議会が、みんな口論ばかりできちんと機能せず、腐敗が生じてくる。

明らかにヒトラーはパルパティーンのモデルだし、ドイツでは総統の台頭を裏付けたのは、法制機関からの要件なしに法律を作る包括的権限をうまく手に入れたことだった。議事堂での火事が合図となった明らかな危機のさなか、ヒトラーはその権限を要求した。一九三三年二月二日の恐ろしい新聞記事は、まるでスター・ウォーズから取ってきたようだが、でもまったくの本物だ。

政府に近い組織「ドイツ・アレゲマイネ・ツァイトゥング」によると、議会をその判断により解散させ、議会なしでドイツを条例により支配する権限が、本日パウル・フォン・ヒンデンブルク大統領により、ドイツの親宰相アドルフ・ヒトラーに与えられた。フォン・ヒンデンブルク大統領は、議会の解体条例に署名し、これは翌火曜日に予定されている議会再招集前に発効の予定である。

『クローンの攻撃』でマス・アメダはこう語る。「議会は宰相に緊急権限を与えるよう投票しなくてはならない」。そうした権限を受けたパルパティーンはこう主張する。「こんな呼びかけに同意するのは、まったくもって私の本意ではない。私は民主主義を愛している。共和国を愛している。ひとたび危機が去れば、私は皆さんの与えてくれた権力を手放す！」まったく、そんなわけがあるもんか。

権力委任

多くの法体系は、アメリカやドイツのものも含め、条例による支配権を認めるのに本物の障壁を設けている。アメリカ法では「非委任の法理」と呼ばれるものがある。これは一般に、議会が大統領に好き勝手をさせる権限を与えるのを禁止するものとして理解されている。議会は大統領に、条例で支配する権限を与えることはできない。「大統領は望み通りの法律を施行する権限を与えられる」という法律を成立させることは許されていない。

でもときに、市民は大統領がそれに近いことをやっていると抗議する。たとえばジョージ・W・ブッシュ大統領の下で、多くの人は対テロ戦争のおかげで大統領府が帝国じみた権限を持ってしまい、国家安全保障促進のために個人のプライバシーに侵入したと述べる。この見方だと、ブッシュ大統領は実質的に条例で支配していた。ディック・チェイニー副大統領は実はダークサイドをある意味で受け入れ、それ以上のことをしていたかもしれない。

我々はまた、言うなればダークサイドを通じて働かねばならない。諜報世界の影で過ごす必要がある。ここで実行する必要のあることの多くは、静かに、議論なしで、諜報機関の使える情報源や手法を利用して実施しないと成功できない。かれらはそういう世界で活動しているのであり、だから目的達成のためには、基本的に手持ちのあらゆる手法を活用するのが重要となる。

キーワード「目的達成のためには、基本的に手持ちのあらゆる手法を活用」に注目。そして実際、ブッシュ政権擁護者の一部は、国が深刻な安全保障上の脅威に直面しているとき、大統領はその脅威からの防衛に必要なことはなんであれやっていいのだ、と論じた。これは条例により支配する力なのか？　かなり近いところまできている。

バラク・オバマ大統領の下で、一部の批評家たちは議会が決断しないから、大統領府は一種のパルパティーンとして活動する道を選んだと非難する。立法府の口論を口実にして、帝国じみた権力を行使している、というのだ。気候変動、移民改革、銃規制、経済政策——これらを始めとする分野で、オバマ大統領は議会が動かないときに行動した。当人のことばでは「私は雇用創出と機会をもっと多くのアメリカ人にもたらすため、議会と共に活動したい。でも議会が行動しなければ、私が行動する」。そして実際に行動した。

これは、人々を助けるのに大統領府の力を使うべきだという立派な主張だろうか？　それとも帝国的な権力の主張だろうか？　私はオバマ政権内で四年近く働いたし、絶対に前者だと信じているけれど、まちがいなく反対する人もいるだろう。

二一世紀の最初の十数年、アメリカ議会ではかなりの口論があった。有力な民主党上院議員ディック・ダービンは、大統領の単独主義を受け入れた。「議会が単に頑固になっているだけの時点がどこかでやってくると思う。大統領の提案にとにかくなんでも反対するので、大統領は国の最高の利益のために決断を下さなくてはならない（後略）」ダービン上院議員は、皇帝に降伏していたのだろうか？

私はそうは思わないが、スター・ウォーズの映画がそれに答えを出せるはずもない。確かに、映画はいくつか不滅の真実は提要してくれる。自由はよい、圧政は悪い、政府高官は人々を拷問したり締め上げたりすべきではない。でも、こんなことはスター・ウォーズに教えてもらうまでもなかったと思いたいところ。

スター・ウォーズは、確かに別のもっと細かい点にも触れている。これは反乱軍の性質と運命に関わるものだ。多くの反乱者は高い理想から入るが、いったん権力の座につくと、その理想主義は薄れ、別のものに取って替わられる。プラグマティズムか？　権力そのものの追求か？　権力にしがみつきたい欲望？　フランス革命は、だんだん血みどろになり、この論点を明確に示している。アラブの春の英雄たちの一部は、結局は民主主義の友にはならなかった。だからパドメ曰く「私たちが奉仕していると思っていた民主主義がもはや存在せず、共和国がまさに私たちの破壊しようと戦ってきた邪悪そのものになっていたらどうでしょう？」

ということで、反乱者の話をしよう。

保守的な反乱者

マーチン・ルーサー・キング・ジュニアとルーク・スカイウォーカーの共通点は？

どちらも反乱者だし、同じ種類の反乱者だ。革命を求めるのであれば、少なくともその点ではこの二人を真似よう。保守的な反乱者は特に有効だ。それは人々の琴線に触れるからだ。それは人々を自分の過去に結びつけ、かれらが最も重視するものにつなげる。

レイア・オーガナのような一部の人は、天性の反乱者で、国がシスなど邪悪なものや腐敗したものに支配されていると、反乱こそがすばらしいと思ってしまう。そして自分の将来をその大義のために懸けようと思う。でも一般には、反乱者ですら「再起動」は好きではない――少なくとも完全なやり直しは。これは自分の人生の話だろうと、社会の話だろうと同じだ。

もちろん人によっては、すべてをふっとばして一からやり直したがる。そういう気性の人もいるし、かれらの道徳的な指向はそれを必要とするのかもしれない。でも人間は通常、既存の物語を続けるほうが好きだ――そして書かれているものが新しい物語であるよりは新しい章であり、改革ではあっても、それ以前のもの、少なくともその中の最善のものと何らかのつながりを持ち、むしろ以前からこの変化が予見されていたか運命づけられていたと思いたがる。これはあらゆるエピソードの作者についても言えるし、ルーカスやスカイウォーカーたちに限った話ではない。

偉大な保守思想家（そしてまちがいなく反乱者ではない）エドマンド・バークの発言を見よう。かれは「うわついた流行や気まぐれ」の影響を恐れ、その結果として「共同体の連鎖と連続性すべてが壊れてしまう」のを恐れた。バークにとって、それは悲劇であり、最も奥深い人間のニーズの一つを裏切るものであり、社会的安定性の不可欠な源を拒絶するものだ。そんな断絶が生じたら何が起きるかについて、バークは強い感情を込めて書いている。「どの世代も他の世代と結びつけなくなる。人は夏の蠅とさして変わらぬ存在となってしまうのだ」

いまの文をよく読み返そう。バークは、伝統が時間をまたがる連結組織をもたらすのだと主張している。その組織は人々の生に意味を与え、人類が手にできる永続性に最も近いものを生み出す。これはもちろん保守派の思想だ。でも保守派を自認しない人でも、連鎖や連続性は好きだし、必要としてすらいる。それが野球の魅力の一部だ。それは親と子をつなぎ、ある世代を別の世代につなぐ。同じ事がスター・ウォーズについても言えるし、それこそがこのシリーズを永続的にしている。それは儀式なのだ。

スター・ウォーズのシリーズでは、反乱者たちが求めるのは共和国の復活だ。ある意味で、かれらこそが真の保守派だ。バーク主義者だと言える――反乱的ではあるが、それでもバーク主義なのだ。自分の伝統を代弁している。これに対し、パルパティーン皇帝こそが真の革命家だし、ファースト・オーダーの支持者たちもそうだ。ルーク、反乱同盟軍、レジスタンスはそれ以前にあったもの（の理想化）に戻りたがっている。自分の霊感を過去に求めようとする。実はこれは一種の原初的なものだ。

マーチン・ルーサー・キング・ジュニアは反乱者だったし、まちがいなくスカイウォーカー的で、ハンも少々、少しならずオビ＝ワンも含んでいる。かれは根本的な変化を求めていたが、世代間のつながりの力も熟知していた。かれはラディカルに新しい章を生み出す支援をしつつも、伝統との連続性を主張した。

モンゴメリーのバス・ボイコットに関するキングの演説より。

我々がまちがっているなら、この国の最高裁がまちがっている。我々がまちがっているなら、アメリカ合衆国憲法がまちがっている。我々がまちがっているなら、全能の神がまちがっている。我々がまちがっているなら、ナザレのイエスはただのユートピア主義の夢想家でしかなく、地上に降り立ったことがなかったのだ。我々がまちがっているなら、正義はウソだ。愛に意味はない。

大小の予想外の革命

『新たなる希望』のすばらしい小説版で、ルークの友人ビッグスがかなり大きな役割をもらっている（映画版ではほんの少ししか出てこない）。小説の前半で、ビッグスはルークのところへきて反乱軍に加わりたがる。反乱でずばり何をすればいいのかわかっていないのは事実だ。反乱軍の基地のありかも知らないし、基地があるかもしらないし、接触する方法も知らない。肝心のくだりはこんな具合だ。

ビッグスは不承不承ながら認めた。「ずいぶん迂遠な話なのはわかってる。もし反乱軍に接触できなければ」――独特の光がかれの目に宿った。それは新たな成熟と……何か別のものの集合体だった――「自分一人で、できるだけのことをやるよ」

ビッグスは反乱軍の心を持っている。そしてスター・ウォーズの世界では、それはかれ一人ではない。タッグ将軍は「ちょっとひねくれた天才の持ち主」で、帝国の敵を熟知している。「諸君の中にはいまだに、反乱同盟軍がどんなに装備がよく組織化されているか認識していない者がいる。持っている宇宙船は優秀で、パイロットはもっと優れている。そしてそれは、単なるエンジン以上のもので駆動されているのだ。連中の持つ、倒錯した反動的な狂信主義だ。連中は諸君のほとんどが思っているより危険なのだ」キーワードは「狂信主義」だ。それは普通の人に、とんでもないことをやらせられるのだ。

オビ＝ワンは、革命精神を理解している。「忘れるなルーク、一人の苦しみは万人の苦しみだ。不正にとって距離は関係ない。もし早めに止めなければ、邪悪はいずれ万人を飲み込む。その人がそれに反対したか無視したかはお構いなしに」。しっかりした反乱者たちは、これを信条としている。彼らも確かに不正にとって距離は無関係だと言う——だから不正と戦おうとする。

邪悪がいずれ万人を飲み込むという発想は、プロテスタント牧師マルチン・ニーメラーが表現している。有力なかれはアドルフ・ヒトラーの批判者で、強制収容所で七年過ごした。

やつらはまず社会主義者を攻撃したが、私は声をあげなかった
私は社会主義者ではなかったから。

次にやつらは労働組合員たちを攻撃したが、私は声をあげなかった
私は労働組合員ではなかったから。

そしてやつらはユダヤ人を攻撃したが、私は声をあげなかった
私はユダヤ人ではなかったから。

そして、彼らが私を攻撃したとき
私のために声をあげる者は、誰一人残っていなかった。

政治指導者はしばしば反乱蜂起に不意を突かれ、呆然としたりする。はるか昔、遠いかなたの銀河系で、パルパティーン皇帝はルークが自分の招きに抵抗するとは思いもしなかったし、ダース・ベイダーが自分に刃向かうとは考えもせず、反乱軍が打倒されないとも思っていなかった。一七七〇年のイギリスは、アメリカ人たちがどれほどのエネルギーと勢いで革命に取り組むかを予想していなかった。二〇〇九年に、世界は一年後のアラブの春をほとんど予想していなかった。一九九〇年には、一九九二年一月にソ連が消えると予想した人はほとんどいなかった。

最後の例は特に示唆的だ。それがいちばん最近のものだし、それがほぼ万人の不意を突いたからだ。多くの現代政府の持つ驚異的な情報収集能力にもかかわらず、だれも何が起こるかまったくわかっていなかった。たとえばイギリス外務英連邦省は、「二〇一〇年一二月のチュニジアでの火花がこれほどの抗議の噴出の引き金となるとは予想」できなかったと認めている。そしてこう付け加えた。「他の国際機関、学術アナリスト、地域の反体制グループですら、これを予想はできなかった」米国とカナダは、自分たちの情報機関がこの運動を見落とし、「アラブ世界についての学術専門家の大半は、こうした蜂起に他のみんなと同じように驚いた」と認めている。

なぜだろう? ニューヨーク大学のジェフ・グッドウィンは、不意打ちは基本的に避けがたかったと主張する。それによると:

二〇一〇年一二月からチュニジアで、「便乗革命」のようなものが起きたのはわかっている。その発端は一見するとつまらないできごと、地方の果物売りが、地元警察に店の閉鎖を命じられたせいで、焼身自殺したことだった。チュニジアでの蜂起は、独裁者ベン・アリが慌てて国を逃げ出す結果となり、それがエジプトでの便乗革命に火をつけ、それがすぐにリビアや他の国に広がった。そうした国では政権への反感が広範で、革命のハードルがかなり低かった――とはいえ後者の条件は事前にはわからないことだったが。革命がアルジェリア、サウジアラビア、ヨルダンなど多くのアラブ諸国に広がらなかったということは、そうした国々の革命のハードルの高さの分布は、大衆蜂起には向いていなかったというだけのことだ――とはいえ繰り返すが、アラブの春がどこで、どこまで広がるかを予想できた人はいないはずだ。

これはちょっとややこしい。分解してみよう。

盲目性

世のパルパティーン皇帝たちが実に盲目的なのは、しばしば怯えきった副官たちにより隔離され、包囲されているからだ。こうした副官たちは「いい報《しら》せ」――万事快調で、みんながかれらを愛し（または恐れ）ていて、物事はすべて計画通り――と言い続けるからだ。別の理由として、ほとんどの人間と同じく皇帝たちも自信過剰で非現実的なほど楽観的であり、その信念が動機に影響されているからだ。

人は一般に、自分の信じたいことを信じる傾向があるし、信じたくないことは信じない（「そんなのいやだし、そんなの信じないね」）。皇帝は、人々が怒っているよりは満足していると信じたいし、怒っているのもごく少数に限られるとか、怒りにもとづく反乱が広範だとしても銃をつきつければ止められると信じたい。市民たちが不幸なら、それは不都合な真実なので、指導者たちは黙殺するかもしれない。どんな反乱も失敗を運命づけられていると信じるのは、シスだけではないのだ。

もっと不思議な事実は、反乱の成功を予測できないのは政治指導者だけではないということだ。多くの場合、ほとんどあらゆる人が同じまちがいをする。どうしてそんなことがあり得るのか？

その説明の一つはすでにちょっと見た。物事の受容には社会力学が関与していて、社会力学の性質を予見するのはむずかしいか、ほぼ不可能だ。大義や思想は歌や、本や、映画と同じだ。人々は、他人がどう思っていると思うか次第で、それに従ったり、自分の命を投げ出したりする。反乱の試みは、アメリカのシクスト・ロドリゲスのようになったり、南アフリカのシュガーマンのようになったりする。すべては他のみんながどう考えているかについての各人の考え次第だ。

『新たなる希望』に出てきた以下のやりとりを思いだそう。

オビ＝ワン・ケノービ：（ルークに）フォースを身に着けねばならんな。オルデランへ行く気があるなら。
ルーク・スカイウォーカー：　オルデランへ？　そんなの無理ですよ。さあ、帰らなきゃ。
叔父さんに怒られちゃうよ。
オビ＝ワン・ケノービ：　力を借りたいんだ。あの子のためにも。わしはもう歳をとりすぎた。
ルーク・スカイウォーカー：　無茶なこと言わないでください。僕にも仕事があるんだ。帝国軍のやってることは許せないけど、この僕にいったい何ができるって言うんですか。
オビ＝ワン・ケノービ：　きみも叔父さんに似てきたな。

多くの潜在的反乱者と同じく、ルークは三つの点を強調する。一　仕事がある、二　帝国はどうしようもない、三　重要な活動はすべて実に遠くで起こる。また、ルークは逆らって見せるがそんなに意志が固くないことにも注意。別に仕事はあまり好きではないし、実は家からはるか遠い場所に行きたいと熱望している。『新たなる希望』小説版からのいいくだり。「ビッグスの言う通りだ。ぼくは絶対ここから出られない。あいつは帝国に対して反乱を起こそうとしているのに、ぼくはこのさびれた農場にずっとしばりつけられている」
一つの疑問は、ルークが帝国に対してできることが本当にないのか、ということだ。絶望感は確かに取り組みを弱らせる。でも世界のルークたちが、他の人々は反乱に取り組んでいると説得されれば、こうした引っ込み思案は消えるかもしれない。潜在的な反乱者たちが、早期の大量ダウンロードに相当するものを見るかどうかに多くの問題がかかっている。

反乱のカスケード

カリフォルニア大学ロサンゼルス校の政治科学者スザンヌ・ローマンは、強い抗議運動というのはたった3ステップで構成される情報カスケードだとみる。

1. 人々は既存政権への不満を表現するのに、犠牲を払って政治行動を行う。
2. 世間は抗議運動の規模の時間を負う変化から情報的なヒントを得る。
3. 抗議運動によくないものとして曝露されれば、政権は社会の支持を失い崩壊する。

これは最初の三部作で、帝国がなぜどんなふうに失墜したかという説明としては、最悪のものではない（もちろん最高のものでもないが、しばしご辛抱を）。ローマンによるこのモデルの説明だと、社会はいくつかのグループに分けられ、それぞれが行動をとるときのハードルがちがっている。人によっては、何はともあれとにかく反乱する。現状が大嫌いで、勇敢で、他のだれもやらなくても事態を是非とも変えようとする。これをレイア姫たちと名付けよう。ルークの友人ビッグスもこうした一人だ。「ルーク、おれは帝国に徴兵されるのを待つ気はないんだ。公式情報チャンネルでの話とはちがって、反乱軍は拡大し、広がっている。そしておれは正しい側にいたい——自分の信じる側に」

また人によっては現状は嫌いでも、その不満と怒りがある水準に達しない限りは反乱しない。これをルークたちと呼ぼう（「あなたとオルデランに行きたいんだけどね」）。また現状は嫌いでも、反乱が本当に成功するという雰囲気があって初めて反乱する人もいる。気にしないふりをするか、または純粋に商業的な関心しかないのかもしれない。これをハンたちと呼ぼう。さらに、無気力で、反乱するか政権を支持するかはそのときの雰囲気次第という人もいる。これをナブーの人々と呼ぼう。最後のグループは政権支持で、抗議が盛り上がっても支持を捨てない。これをシスと呼ぼう。

こうして見ると、反乱の成功は社会的力学に大きく依存しているし、反乱勢が出す信号の強さに大きく左右される。レイア姫たちが十分多ければ、そして帝国が十分に悪者なら、ルークたちやハンたちがレイア姫たちに加わり、ルークやハンがたくさんいれば、ナブーの人々も宗旨替えする。もちろんシスは政権支持のままだ——政権そのものかもしれない——でも孤立してしまえば、権力を失うしかない。

人々の真意とは？

真に抑圧的な社会では——反乱が最も正当化されるような社会では——人々がどれほど不満を

抱いているかはなかなかわからない。人々は本心を語らないからだ。ルークと同じく、指導者を嫌っていて変化を求めてはいても、それを口に出したら自分の身が危ないのがよくわかっているかもしれない。そこで、自分の選好と信念についてウソをつく。真の世論がどんなものかはだれにもわからない。サイレント・マジョリティがいるわけだ。

ちなみにこれは、専制国家でのアンケートが信用できない理由の一つでもある。人々は、心底不満を抱いていても、政府に満足だと答える可能性が十分ある。

ちょっと小話を。一九八〇年代末、私は北京でアメリカ法の小講義を依頼された（確かスター・ウォーズの話はしなかったはずだ。スター・ウォーズは中国では二〇一五年まで公開されなかったのを思いだそう）。最後の宿題として、私は三〇人の生徒たちに小論説を書くように言った。そのテーマは、アメリカが中国の法体系から何が学べるか、あるいは中国がアメリカの法制度から何を学べるか、というものだった。どちらを選んでもかまわない。私はかれらの答えを心待ちにしていた。

だが驚愕したことには、クラスのほぼ全員がこの宿題を拒否した！　恥ずかしそうに、一人がこう説明した。「この作文がまちがった手に渡るのではと不安なのです」。つまり、自国政府とトラブルになる可能性があるというわけだ。もちろんかれらは国に忠実だ。そして私的には、自分の政府の行動について疑問視もする（アメリカの行動についても）——でも何らかの処罰を恐れて、そうした疑問を紙に書くのはいやがったわけだ。

経済学者ティムル・クランが一九九七年のすごい本『私的真実、公的虚偽』で長々と論じている結論は以下の通り。人々が選好や信念についてウソをつけば、反乱の予測はむずかしいか、たぶん不可能になる。人々は政府に満足しているかもしれない。ちょっとくらいは嫌っているかもしれない。大嫌いかもしれない。でも人々の発言と実際の考えがちがうので、市民たちは集団無知状態に置かれる。つまり、他の市民がどう考えているか見当もつかないのだ。でも一部の人々（社会のレイア姫たち）が不満を述べ、反乱の意志を示し始めたら、多くの人が賛成しそうだから他の人（ルークたち）も反乱に成功の見通しがあると思うかもしれない。その場合、世界はひっくり返りかねない。

反乱の予想不能性は、カスケード効果に伴う社会力学と大きく関係している——でもそれは、人々が現状について本当にどう思っているかわからないせいもあるのだ。

グループの先鋭化

反乱の内的力学については十分に議論していない。人々を反乱するほど怒らせるものとは何か？

一つの可能性は、指導者たちのすること、あるいはしないことのせいで、みんなが本当に不幸か悲惨だというものだ。レイアやビッグス同様、かれらは恨みや不正の感覚を鋭く抱いている（これはアメリカ革命とフランス革命ではまちがいなく見られたし、南アフリカのアパルトヘイトへの攻撃でも、アラブの春でも存在した)。どこかの帝国が、かれらの叔父や叔母の死をもたらしたのかもしれない。

全般的な不幸(経済的苦境や恥辱を受けている感覚は、反乱軍の指導者に利用される)が反乱を引き起こせるのは事実だ。また人々が何らかのきっかけとなる出来事により過激化するのも同じく明らかだ——特に圧政が身近で起きたときには。私は第四章(一〇四ページ)で「利用可能性ヒューリスティクス」の話をした。これは人々が確率を評価するとき、似たような出来事がすぐに思い浮かぶかどうかで判断する、というものだ。もし最近、ご近所で犯罪が起きたら、あるいは家族のだれかががんになったら、犯罪やがんのリスクを過大に見積もってしまいがちだ。しばしば反乱が盛り上がるのは、ある出来事がすぐにみんなの脳裏に浮かぶようになるからだ。無実の市民の殺害、異論を唱えた者の懲役刑、税務当局の権力濫用。そして反乱が強大になるとき、その大きな理由はグループの先鋭化という現象だ——これは共和国の台頭やジェダイの帰還だけでなく、そもそも帝国ができる理由や、シスの復讐の説明にも役立つ。

グループの先鋭化は、似たもの同士がお互いばかりと話をするうちに、話をする以前に思っていたことのもっと極端なものを信じるようになるときに起こる。フェイスブックで、オバマ大統領がいいか悪いか、気候変動が深刻な問題かどうか、J・J・エイブラムスがドンピシャの作品を作ったか、すべてを台無しにしたかを議論しているとしよう。ほとんどの人が、オバマは最高で、気候変動は深刻で、エイブラムスが台無しにしたと思っているなら、その会話の結果みんなはもっと結束し、自信を持ち、当初の見解をもっと強く抱くようになるだろう。

世界各国での多くの社会科学研究で、これが一貫したパターンだと示されている。反乱者を大量に部屋に集め、反乱について議論させたら、その人々はもっと先鋭化する。アメリカ革命もそうして勢いがつき、レーガン革命も、二〇〇八年のオバマ選挙戦もそうだった。そしてどこかの団体――ジェダイでもシスでも――が、「なぜ他の連中は我々を嫌うのか」という重要な質問を考えたとき、それに対する大きな答えはおそらく、グループの先鋭化であるはずだ。

ここから、たとえば、進行中の戦争を支持する人々は、議論の結果としてさらに戦争を強く支持するようになることがわかる。『フォースの覚醒』でがっかりした人は、その話をするうちになおさら失望を強くするだろう。銃規制が大いに必要で、アメリカはもっと規制強化すべきだと思っている人は、そうした人同士と話すうちにもっとそれを信奉するようになる。アメリカが嫌いで、その意図を怪しむ人々は、議論すればその嫌悪と疑念をさらに高めることになる。実際、フランス市民の間で反米的な気運がそのように盛り上がっているという具体的な証拠がある。パリの人々が結集し、みんなアメリカが気にくわなければ、パリ市民同士で議論すると反米が強化される。

ちなみに、テロの台頭はグループの先鋭化と大いに関係している。テロリストは、おおむね貧しいわけではなく、教育水準も低くないし、頭がおかしいわけでもない。貧困をなくして教育を高めたら、同時にテロもなくなるという考えのは魅力的ながらまちがっている。多くのテロリストは貧しくないし、かなりの教育を受けている（最初の三部作のあの倒錯的な読みとは裏腹に、ルークはテロリストにはほど遠いけれど、ルーク的な連中——若い男性で、頭がよく、攻撃的で、他の若者とつるんでいる——はそうしたダークサイドに転落しがちなのだ）。テロはソーシャルネットワークと、特に反響室《エコーチェンバー》効果の結果として生じる。そこでは人々が語り、聞くのがほとんど自分と似た者同士の発言なのだ。陰謀論もこうやって台頭しがちだ。でも光の側の反乱軍も、グループの先鋭化で力を強める。

グループが先鋭化する理由

人々が先鋭化するのをどう説明しようか？　大きな答えは二つある。

最初のものは「情報交換」に基づく。人々は他人の持つ情報や他人の主張に反応し、どんな集団でもその「情報プール」が当初ある方向に偏っていたら、まちがいなくその偏りの方向に歪みが進む。帝国が圧政的だとか、アメリカが反イスラムの全面的キャンペーンに乗り出していて、ムスリムを殺して恥をかかせようとしているのだとかいう思考傾向を持つ集団は、そういうたぐいの主張をたくさん耳にすることになる。そしてそれに反対する議論はあまり聞こえてこない。それは単に、その集団内のポジションの初期分布のせいだ。

人々が耳を傾けているなら、自分が出発したのと同じ方向性にもっと強い確信を抱くようになる。それは単純に議論の結果としてそうなる。この現象は一般的なものだ。スター・ウォーズの前日譚はろくでもないと思いがちな人々は、前日譚を嫌う主張を大量に耳にする（ジャー・ジャー・ビンクス、うげーっ！）し、褒める議論（あの船が疾走して揺らぐ様子をごらんよ！）はあまり聞かない。情報プールが個人の見方にこうした影響をもたらすという実証的な証拠はかなりある（実は人々が前日譚を過小評価するのはまさにこのせいだと私は思う）。

第二の説明は、社会的影響と関係している。その中心的なアイデアは、ほとんどの人は他人にどう思われるかを気にするので、他人が信じていることを知ったら、それに応じて自分の立場を変える傾向があるというものだ。スター・ウォーズよりスタートレックのほうがずっといいと思ったり、アメリカが即座のテロ攻撃の大きな危険にさらされているとか、気候変動が実は一部の人の言うほど大した問題ではないとか考える人々の集団に混じっていたとしよう。他の人々の見方を学ぶにつれて、あなたも自分の立場を、ちょっとくらいは変えるかもしれない。その特定のグループ内で、バカとか不道徳とか思われたくないからだ。

社会的影響が反乱を醸成する様子は明らかだ。もし反乱者たちが主にお互い同士で話しているなら、グループの構成員たちは妥協主義者や帝国の走狗とは思われたくないだろう。公民権運動はまさにそうして台頭し、エネルギーを得た。一九七〇年代には、フェミニスト運動は社会的影響により勢いを得た。二一世紀初期には、ＬＧＢＴの権利を促進する運動が予想外の成功をおさめたが、これもグループの先鋭化が大きく効いている。最高裁が州に対して同性婚を認知するよう二〇一五年に要求したとき、それは台頭する社会的コンセンサスを承認していたわけだ。そのコンセンサスは、グループの先鋭化が可能にしたものだった。

最後にもう一つ。多くの人は、ほとんどの場合、自分の見方に完全には自信がない。結果として、自分が考えている傾向の穏健バージョンを述べる。そうでないと無謀やバカと思われたり、白い目で見られたりのけ者にされたりするのではと恐れるからだ。また、自信はあるけれどそれを敢えて見せない人もいる。それがばかげていると示されたら嫌だからだ。そうした人々は、公の場では穏健な意見を述べる。いずれの場合にも、集団力学で人々はより極端な立場に走る。自分の見方が他人にも支持されていると思ったら、みんな自信を持って、穏健さを失う。反乱者はそういう形でも作られる。初期のルーク・スカイウォーカーがまさに好例だ。

下層の様子

評判カスケードは反乱軍で大きな役割を果たす。人によっては、友人やご近所の希望にしたがって反乱軍に参加する——別に自分がそんなことを気にするからではない（ハンは自分もそうだというふりをした）。人によっては、評判や命を危険にさらしたくないので、反乱軍に入らない。まったく同じ理由で入る人もいる。そしてもちろん、ネットワーク効果で人々は各種の帝国と戦うようになる。反乱者の数が増えれば、参加することでずっと活力が得られる。世界史上最高のクラブのように感じられるのだ。

重要なことだが、多くの人々の政治的な選好はそんなに強くはない。自分が何を信じているかよくわかっていない。現在の政権がまああだとか、かなりいいとかいう程度の印象はあるだろう。でもちょっと事実を調べたり、ちょっとニュースを見たりすると、かなり悪いと説得されてしまう。いまの選好ですら、現在の政治システムが不可避だという事実の産物なのかもしれない。つまり、それはどうしようもないということだ。

多くの人にとって、自分の指導者が腐敗しているとか圧政的だとか、あるいは不公正だとか無能だとかすら考えるのはあまり快くないことだ。ダース・ベイダーがそこらで人を締め上げていなくても、物事が無問題だというように人生を送れば、あるいはそれほど問題はないと思って生きれば、人生はとにかく穏やかだと思うかもしれない。そのせいで、人々はしばしば現状が容認可能か、もっとましだと考えたくなってしまう。

革命以前のアメリカにおける階層的な性質を描くにあたり、大歴史家ゴードン・ウッドは「低い地位にいる人々は（中略）『下層の様子』と呼ばれるものを身につけた」と書く。かれらは「自分の立場をわきまえており、立派な人々が馬に乗っているのに、自分は大人しく歩いた。そしてそんな具合なので、自分より優れた人々と立場を交換したいなどという燃えるような願望を表明することもほとんどなかった」。ウッドの記述だと、「その現代以前の世界の独特な性質は、多くの一般人がどれほど自分の低い階級を受け入れていたか理解するまでは腑に落ちないはずだ」。

ここでの簡単な論点は、反乱が勢いを増すにつれて、人々は自分の低い階級を大人しく受け入れなくなる、ということだ。その「下層の様子」は人生の一部ではなくなる。むしろそれは抑圧の象徴となる。各種の皇帝たちに警告だ。用心めされよ。

いたるところにバタフライ効果

大SF作家レイ・ブラッドベリは、「バタフライ効果」と呼ばれるようになったものについて、有名な短篇を書いた。ある時点でチョウチョが殺されたら、物事が根本的にちがう展開になったりするだろうか？　恐竜は絶滅しなかったのでは？　これを直感的に理解するには、ヒトラーの父母や、ロナルド・レーガンの父母や、バラク・オバマの父母が結婚しなかったとか、その子どもを受胎したはずの日にたまたまひどく疲れていたとしてみよう。ちょっとした出来事のせいで、どちらかの親が気が乗らなかったかもしれない。ヒトラーも、レーガンも、オバマもいない。そして受胎に限らず、この三人それぞれが登場するのに必要なそうした天啓じみた偶発事で、ひょっとしたら起こらなかったかもしれないものは、いくらでも考えられる。

因果の連鎖はあまりに複雑で、あまりに多くの事象が他の事象の必要条件になっているから、バタフライ効果という発想はさほど荒唐無稽ではない。だれかのイヌが重要な日に病気になったり、ある人が出かけず家に残ったりしたら、ある時点でメールを送っていたら、すべてはちがっていたかもしれない。世界を変えるチョウチョはいたるところにいる。それが人々の生を定義づけるのだ。

たとえばジョージ・ルーカスは、ひどくアートスクールに行きたかったのに、父親に強く止められた。人類学を専攻するためにサンフランシスコ州立大に入るつもりだった。そこへ南カリフォルニア大学に通う幼なじみのジョン・プラマーが、そこの新設映画学校を受けろと示唆したのだった。「写真学校があるんだぜ（中略）気に入るはずだよ。ＰＥより簡単だ」と強調する。ルーカスは説得されて入試を受け、合格した。ルーカスにとって、それですべてが変わった。かれが認めるように「あそこに入ったのはたまたまだった」。そして入ってみると、実は「そこは映画学校だった。そして私はこう言ったんだ。『なんだって、大学で映画作りを習えるのか！ すっげえ話だ！』」

ジョン・プラマーとのその会話がなければ、スター・ウォーズもなかった。

一九七二年の有力な論説で、エドワード・ローレンツはバタフライ効果についての系統的な議論を行った。その論説は「予測可能性：ブラジルでのチョウの羽ばたきはテキサスの竜巻を引き起こすか？」という。ローレンツの理論は、気象パターンのコンピュータ・シミュレーションを一見ごくわずか変えるだけで、長期予測がすさまじく変わるという観察結果を根拠にしていた。原理的に言えば、メキシコでチョウが羽ばたけば、テキサスの気象パターンを大きく変えてしまえる。

もっと大きな教訓は、自然や社会の秩序が相互作用しあう系で、一見するとわずかな変化も巨大な影響をもたらすから、正確な予想は困難か不可能かもしれないということだ。予測専門家フィリップ・テトロックに言わせると、カンザスの女性は「無名のチュニジア人の行動が、抗議につながり、それが暴動になり、それが内戦をもたらし、それが二〇一二年NATO介入をもたらし、おかげで彼女の夫がトリポリで対空砲火をかいくぐる羽目になった」と知ったら驚くはずだ。

ちょっとこれに似たものがまちがいなくスター・ウォーズの物語にもある。『新たなる希望』でハン・ソロは、弱い反乱軍を去って自分の道を行こうとする。なんといってもソロであって、チームの一員ではないのだ。レイア姫はそれを嫌う。気を変えて欲しいと思いつつも、こう述べる。「あの人は自分の道を行くしかないわ。だれも代わりに選んであげられない」（またも、いつものスター・ウォーズの主題だ）。もちろんかれは、決定的な瞬間に戻ってくるのを選び、ルークを殺そうとする父親から救う。つまり結局はそれほどソロではなかったわけだ。ハンがその選択をしていなければ、ルークも反乱軍もひどい結果になっただろう。

ハン・ソロといえば、ハリソン・フォードは三五歳という壮年まで、ほとんどを役者ではなく大工として過ごしてきたのだった。ルーカスがスター・ウォーズのキャストのオーディションをしていたとき、たまたまフォードがスタジオで大工作業をしているのを見た。フォードがそこにいたのは、キャスティング監督のフレッド・ルースが新しいドアを作るのでフォードを雇ったからだ。ルーカスはフォードを知っていた。ルーカスの前作『アメリカン・グラフィティ』でちょい役をしていたのだ。でもルーカスは、あの映画の役者をこの「ちいさな宇宙モノ」では使わないと誓っていた。それでも、たまたまこの大工兼役者をそのときスタジオで見て、ハン・ソロ役を試させることにしたのだった。

フォードがソロ役でないスター・ウォーズなんか想像できないが、ほとんどそうなりかけたのだ。ルースによると「ハリソンは私のためにいろいろ大工仕事をしてくれたよ。お金が必要だったんだ。子どももいたし、まだ大映画スターじゃなかった。大工作業の日、ジョージがたまたまそこにいた。天啓だね」

政治キャンペーンを一瞥すると

多くの人にとって『クローンの攻撃』はスター・ウォーズ映画の中であまり成功していない、いちばんできの悪い映画だ（でも私は好きだ！ もう一度ごらんになっては？ 少なくとも驚異的なオープニングだけでも見直しては？）。それでも、その冒頭のクロールは、政治と政治キャンペーンについてかなり賢明なことを述べている。

銀河元老院を覆う暗雲……数千の太陽系が銀河共和国からの離脱を表明したのだ。この動きの先頭に立つのは謎の伯爵ドゥークー。彼の妨害に逆らい、ジェダイ・ナイトが限りある人数で銀河系の平和と秩序を保つのは容易なことではなかった。かつてのナブーの女王、アミダラ元老院議員は貴重な一票を投じに銀河元老院に戻る。その議案とは、今や劣勢となったジェダイのために、「共和国軍」を組織して、彼らを支援すべきか否か。それを問うものだった……

このクロールが何を表現していたかを理解する方法がある。銀河系は、カスケードのさなかにある。そこでは星系は独立に動いてはおらず、お互いに追随している。その数個が共和国を離れたら、他もその後を追い、それが起きたらカスケードは拡大して、分裂の圧力は高まる。ドゥークー伯爵はこれを熟知していて、それを利用しようとしている。ジェダイは暗雲の台頭に気を取られ、それがさらなる暗雲をもたらす。元老院議員アミダラは、共和国の軍隊創設のみならず、そのカスケード拡大を止めようとしているのだ。

選挙という分野で、カスケード効果は決定的だし、候補者の命運を短期間で決めてしまう。二〇〇八年にバラク・オバマは明らかに、情報的、評判的カスケードの双方から恩恵を受けた。『新たなる希望』の場合と同じく、人気が人気を呼んで、その実証された資金集め能力で、さらに出資者を集めるのが容易になった。二〇一五年には共和党のスコット・ウォーカー（ご記憶だろうか?）は負のカスケードの犠牲となった。当初、ウォーカーは共和党大統領候補指名の筆頭と思われていたし、多くの賢い人々はかれこそ次期大統領だと思っていた。でも、かれが負け犬だとみんなが言い始めると、負け犬だという考えが広がり、それが雪だるま式に拡大した。求職者は、以前に断られたというだけでそれ以上の求人がなくなる。同じように、ウォーカーがあまりお金を集められていないと思われると、資金集めはかれにとってさらに困難になった。その選挙キャンペーンはそれで崩壊した（無数の有力な候補者も似たような経験を持つし、今後もそういう人はたくさん出る）。

もちろんオバマの成功やウォーカーの失敗は、単にカスケード効果だけの産物ではない。オバマは圧倒的に強力なキャンペーンを張った。ウォーカーは驚くほど弱かった。でも、何らかのカスケード効果を参照しないと、オバマの驚異的な成功やウォーカーの崩壊は理解不能だ。そうしたカスケード効果は、成功する反乱軍や、スター・ウォーズ自体も恩恵を受けたものだ。勝利する政治家では、グループの先鋭化も重要だ。小技として、多くの支持者を一緒の部屋に入れるというのがある。その部屋はオンラインでもいい。人々はお互いを刺激し合って興奮を高め、お金と時間を費やしてくれる。

ちなみに、こうした影響を理解すると、なぜ世論調査が多くの専門家の思っているよりずっと重要でないかがわかる。初期の予備選がカスケードを創り出すから、ある候補者がそうした調査で五ポイントリードとか、一〇ポイントリードとか、一五ポイントリードとかいうのはあまり意味がない——ただしそうした差が初期のカスケード効果を創り出すなら話は別だ。アメリカでは、候補者は次のような考え方をするといいだろう。まず、私はアイオワ州の大統領選に出馬するんだと考えるのだ（その次はニューハンプシャー州）。

選挙キャンペーンが始まると、映画や本の公開と同じく、正負を問わずカスケード効果がどのように加速するか見るのはおもしろい。まさにその性質上、そうした加速は事前には予測できないが、いったん始まればまちがえようがない。ある段階で、まったくあり得そうになかったり、よくてもかなりの憶測でしかなかったものが、絶対確実になってしまう。寄付者も有権者も、群れをなしてどちらかの候補者に集まってしまうのだ。

集まった後でなら、多くの評論家は成功した候補者の経歴や、美徳や、思想の不可避の産物だったとか、その成功が文化や時代精神と深いつながりがあったとか主張し始める。でも大作映画と同じで、その不可避の印象は幻影だ。ほぼまちがいなく、後に指名される人物が勝ったのは、ジョージ・ルーカスとレイア姫のやったことができたせいなのだ。それは自分に有利なカスケードをマネージして火をつけたということだ。

スター・ウォーズ映画の客観的で絶対的なランキング

政治はもうたくさん。社会的影響でスター・ウォーズ映画の評価について説明がつくだろうか?

これらの映画についても、あらゆる芸術やエンターテイメントと同様に、批評家も一般人も何らかの方向に先鋭化する傾向があるのはまちがいない。「上がる」カスケードも「下がる」カスケードも見られる。『フォースの覚醒』が公開されると、エイブラムスが何か驚異的ですさまじいことをやったという感覚が即座に出た。その感覚は、初期の熱狂者たちが主にお互い同士で話をしていたことで強化された。エイブラムスは史上最高の『スター・ウォーズ』映画を作ったのかも！　あるいは少なくとも『帝国の逆襲』に次ぐ二位か？

しばらくすると、予想通り反動が生じ、一部のお利口さんや足を引っ張りたがる連中が、『フォースの覚醒』は『新たなる希望』や『ジェダイの帰還』から大量に拝借していて、オリジナリティも大胆さもないし、ルーカス独特の天才ぶりや、リスクを冒そうという意欲もないと指摘した（ルーカス自身も火に油を注ぎ、オリジナリティがないと指摘した）。だから『フォースの覚醒』否定グループの先鋭化が起きた——そして一部の集団では、これは前日譚を再評価し、もっと好意的に捉える方向にも動いた。

私自身の見方はといえば、『フォースの覚醒』でエイブラムスは見事にやってくれた、というものだ。テンポよく動くし、実に楽しい。特にレイはすばらしい。ダメなところや恥ずかしいところはまったくないし、すごい新しい謎も提示する。新旧のブレンドに予想外にも成功しているのだ。これはすごい技能が必要だ。確かに、かなりリメイクめいたところはある。でもいいじゃないか。再起動はリメイクでもいい。ルーカスの独創性にはとても及ばないけれど、それでも実にすばらしい。

反乱軍や社会的影響の物語を終えるに当たり、そうした影響とは一切無縁の、客観的で絶対的なランキングを挙げよう。

1．『帝国の逆襲』　（成績：A⁺）

2.『新たなる希望』（成績：A⁺）
3.『ジェダイの帰還』（成績：A）
4.『シスの復讐』（成績：A⁻）
5.『フォースの覚醒』（成績：A⁻）
6.『クローンの攻撃』（成績：B⁻）
7.『ファントム・メナス』（成績：C⁺）

もちろん、異論は認める。『帝国の逆襲』と『新たなる希望』は文句なしに頂点だが、『新たなる希望』は最初だしいちばんオリジナルだし、すべてを始動させた映画だ。また各種の謎を投げかけている。こちらが一位では？　確かに一考の余地はあるが、『帝国の逆襲』はすべてを深めたし「私がお前の父親だ」がある。ほとんどあらゆる場面が緊張感を持つ。さらにレイアに「愛してる」と言われたハンが「わかってる」と答える場面があるし、あの脅威の四つ足ウォーカー、「帝国陸軍の最も重装甲な地上車両」が出てくる（専門的な名称：全地形対応装甲トランスポート）。

『ジェダイの帰還』『フォースの覚醒』『シスの復讐』だとかなり伯仲する。『フォースの覚醒』はこの中でいちばんカッチリして欠陥が少ないので、これを三番目にするのも決して完全にばかげているわけではない——まちがってはいるが、完全にばかげてはいない。『シスの復讐』

には驚異的な瞬間がある。これまで見た通り、『ジェダイの帰還』での逆転は見事なものだし、ビジュアル面では最も感動的かもしれない。アナキンのダークサイドへの転落は心えぐるものだ。オビ＝ワンとアナキンの最後の戦いはすごい。『フォースの覚醒』と『シスの復讐』の場合と同じく、ほとんど引き分けで、後者が勝つのはほんの鼻の差でのことだ。『ジェダイの帰還』はもっと短くてよかった（埋め草が多すぎる）ので、『フォースの覚醒』や『シスの復讐』のほうが優れているのではという人がいても仕方ない。でも最終的には、答えは明らかだ。最高の瞬間では『ジェダイの帰還』が抜きんでているし、救済の場面は大勝利だ。

文句あるか。

エピソードⅧ：憲法的なエピソード
エピソードとしての言論の自由、性の平等、同性婚

不正というものの性質は、人がそれを必ずしも自分自身の時代に気がつけるとは限らないというものだ。人権条項や修正第一四条を書き承認した世代は、そのあらゆる次元での自由の範囲を知っているなどというふりはせず、われわれが自由の意味を学ぶにつれて、万人がその自由を享受する権利を守る条項を託したのである。(中略) 法廷は、多くの制度機関と同様、それが属する世界と時代に定義された前提を採用しているのである。

——アンソニー・ケネディ判事

スター・ウォーズは、父と息子、選択の自由、救済の可能性、そして反逆についてすら、多くの教訓を提供してくれる。でも憲法についてはそれほど言うことはない。少なくとも直接的には言わない。もちろん権力分立は支持する（帝国は悪い、共和国はいい——おおむね）。立法府での口論には反対だ。人権支持らしい。拷問者はあまりいい扱いではないし、無実の人を殺すのはよくない。

でも憲法設計について学びたいなら、決してスター・ウォーズが最高ではない。ブロードウェイで『ハミルトン』を見よう。あるいはもっといいのがある、ゴードン・ウッドの古典『アメリカ共和国の創造一七七六ー一七八七年』を読もう。

それでも、スター・ウォーズ・サーガの理解は、憲法についてかなりのことを語ってくれる——その内容面ではなく、それがどういうふうに作られるかという点についてであり、裁判官が持つ自由と制約の種類についての話だ。要するに、憲法は「私がお前の父親だ」的瞬間に満ちている——ひねりや急展開、逆転、予想外の選択、まったく新しい物語を引き起こす、種子や果実だ。裁判官たちはエピソードの作者であり、自分では変える力を持たない背景に直面している。それでもかれらは、かなりの創造性を行使できるのだ。

どの時点でも、アメリカ人が持つ権利は、数十年前に持っていた権利とはちがっている。一九四〇年代には、政府が危険だと判断した言論は規制できた。一九七〇年までに憲法が、強い言論の自由の原則を作り出していると理解され、意見のちがう人々が好き勝手なことを言うのを認めるなどとは、だれが予想しただろうか？　一九五〇年代末、性差別はアメリカの生活の一部であり、憲法はそれを邪魔したりはしなかった。それが一九八〇年には、憲法が性差別を禁止していると解釈されるなどとはだれが予想しただろうか？　二〇〇〇年には、憲法が同性婚の権利を守っているなどと主張するのは、極論で過激ですらあった。二〇一五年には、最高裁の多数派がまさにそうなのだと判決を下している。

でもこれらの判例の一つ残らず、最高裁は既存の物語を元に構築した。新しい物語を始めたりはしていない。そんなことはできない！　そんなことは許されていないのだ。これはエピソードⅩⅩとかⅩⅩⅩとかⅩⅬの話であって、まったく新しい物語ではない。そして最低でも、憲法的な物語は事前に計画されたものではなく、最初のエピソードの作者たちは、来るべきものを予想できたはずもないことは言える。だれか、または少数の数名が、選択をしなければならなかった。

ルーカスやエイブラムスと同様に、最も強力な判事はクリエーターであり、過去のエピソードで設定された背景（判例とも言う）の上で選択を行う。かれらは、サーガをどう先に進めるかを思いつかなくてはならない。ちょっと警告。この結論を説明するために、少々細かい話をすることになる。これは、私の本業が憲法学だからというのも大きい。

でももう一つ理由がある。二〇一六年にアントニン・スカリア最高裁判事が急逝して、アメリカはちょうど憲法の解釈とはどういう意味かについて、大論争のさなかにあるのだ。この論争は、いつも最高裁に空席ができるときわめて熾烈になる——でもこの論争は常に重要だ。理由の一つは、最高裁の判事は、最新の人も含め、新しいエピソードのストーリーを決めるという大いなる特権を手にするからだと私は考える。それはジョージ・ルーカス、J・J・エイブラムスやその後継者とかなり似ているのだ。問題がプライバシー、言論の自由、性の平等、銃、大統領の権限に関するものなら、その答えは過去に従ったものであると同時に、それを最も輝かせるのは何かという判断を必要とする。

最高裁の判決について賛成できないときには、新しいエピソードをどうすれば最高のものにできるかという議論になる。かつてのシカゴ大における我が同僚スカリア判事が、この点について私に同意しないだろうというのは痛いほど承知している。私はかれが好きで尊敬していたし、その思い出は貴重なものだ——でも法学では、ときにはジェダイ・マスターですらまちがえる。

無限の可能性

スター・ウォーズの拡大宇宙や、二次創作やファンの反応を見ると、「もし～だったら？」がたくさん見られることから始めよう。同じような考察が法でも大いに意味を持つ。それは憲法の意味を考える法学分野にも当てはまる。ものごとがちがった状態になる可能性は十分にあるのだ。

最も入念な例としては『スター・ウォーズ・インフィニティーズ』がある。これは三本のグラフィックノベルのシリーズで、きわめて巧妙な分岐点を通じて、おなじみの物語がまったくちがった方向に押しやられる。とても優秀だ——そして「インフィニティーズ（無限）」という言葉の選び方もうまい。デス・スターを破壊しようとするルークの活動が、結局成功しなかったらどうなっただろうか？　それが『スター・ウォーズ・インフィニティーズ』の物語の一つの出発点だ。ルークがホスで、あのでかい化け物に殺されていたら？　ハンやレイアはどうしただろうか。それが別の物語の基盤だ。

でも関係者たちも、『スター・ウォーズ・インフィニティーズ』のようなものを作っている。

ジョージ・ルーカスは独自のエピソードⅦ、Ⅷ、Ⅸを考え、ディズニーはそれを却下した。これはつまり『フォースの覚醒』作者のJ・J・エイブラムスとローレンス・カスダンは独自の道を進んだということだ。当初、エイブラムスは傑出した脚本家マイケル・アーントと作業を進めていたが、出てきたものがちょっと期待とはちがっていた——そこでエイブラムスとカスダンは独自のアプローチを選んだ（アーントはクレジットには残した）。いずれ答えが明らかになってほしいと思っている、興味深い疑問は次の通り：ルーカスのエピソードはどんなものだっただろうか？

最初の三部作二つという背景をもとに、エピソードⅦの様々なバージョンが想像できる。『ジェダイの帰還』直後に設定して、共和国の着実な回復を楽しげに描き出し、ハンとレイアの幸せいっぱいの結婚や、子ども四人の誕生を描き、ルークがその不思議な力を持つ叔父さん役を演じる様子を見せることもできただろう（退屈！）。あるいはまったくちがったエピソードⅦも想像できる。ダース・ベイダーとパルパティーン皇帝が実は生きていることが明かされ、『ジェダイの帰還』で起きたと思っていたすべては、単にルークの夢だった、というものだ。このエピソードだと、『帝国の逆襲』の結末に逆戻りだ（最悪！　観客への裏切りだ！）。

別のエピソードⅦも想像できる。『ジェダイの帰還』二年前の設定で、ハンとレイアが別れるのだ。レイアは、兄に対する強い執着的でロマンチックな気持ちを捨てられずにいるからだ。彼女はルークに対し、こんなに強く感じるんだからまちがっているはずはないと説得しようとする

（ウゲッ）。

あるいは、『ジェダイの帰還』五年後の設定で、ルークが想像を絶する力を手に入れてから、実はダークサイドに強く惹かれるようになるというのもあり得る（おもしろいかもしれない。『ジェダイの帰還』最後の誘惑の場面とうまくつながるだろうし、まったく新しい光も当たるはずだ）。

本物のエピソードⅧではもちろん、エイブラムスとカスダンは別のアプローチを使い、『新たなる希望』のお話を基本的には語り直した。私の見たところ、かれらはそれをうまく機能させた（とはいえ私はダークサイドに堕ちたルークのほうが好きだが）。言いたいのはつまり、二人はかなりの点で制約を受けた状態から出発した場合ですら、無数の選択肢はあるということだ。これは判事たちについても言える。実は、まったく同じ形でこれが成り立つのだ。

ルールに従う

憲法上の論争を判事たちはどうやって解決するのだろうか？　一つの見方では、答えは簡単。憲法を読めばいい。遊んでいるのでない限り、読めば意味はわかる。この見方によれば、憲法は『ホイルス銀河史』と似たようなもので、単に現実だというだけだ。アメリカでは、共和党の政治家はこの種の見方をよく支持する。判事たちはとにかく法に従えばいい、というわけだ。

場合によっては、その通りだ。合衆国憲法は、大統領に選出されるには、三五歳以上でなくてはならないと述べるし、大統領は二人とか三人ではなく一人だけで、議会は上院と下院で構成され、最高裁判事は終身職だと書かれている。多くの重要なことが事前に書き下され、書いてあることに従う以外にやることはない。

同時に、憲法の中で最も重要な条項の一部はあいまいか、解釈が開かれている。憲法は自由という言葉を使う。それって何？　避妊薬を使う権利は含まれるの？　中絶の権利は？　同性婚の権利は？　ライトセーバーを持つ権利は？　憲法は「言論の自由」を擁護する。それは人々が恫喝していいということ？　ファースト・オーダーの連中に賄賂を渡していいということ？　ジェダイのマインド・トリックを使っていいということ？　偽証していいのか？　満員の劇場で「火事だ！」と叫んでいいのか？　人を集めてテロをさせていいのか？　憲法はあらゆる人に「法による平等な保護」を提供するのを州が拒んではいけないとしている。こうした条項は、人種分離を禁止するものか？　性的嗜好を元に差別してはいけないということか？　アファーマティブアクション・プログラム（平等性促進のため、入社や入学に黒人枠を設ける方式）は禁止されているのか？

故スカリア判事などの人々は、こうした問題に独特なアプローチをする。こう尋ねたがるのだ。こうした条項は、最初に批准されたときにはどんな意味を持っていただろうか？　この見方だと、判事は一種のタイムマシンに乗ることで仕事をずいぶん簡単にできる。憲法の条項を批准したときに「我々国民」が何を含意していたかをつきとめればいいのだ。

これをやると、「言論の自由」は偽証の権利は含まないし、「等しい保護」は性的嗜好に基づく差別とは無関係なのもわかる。『ホイルス銀河史』が実在したら、ルーカスが本当は何を意味していたのかつきとめることで、その意味を理解できるかもしれない。スカリアたちは、憲法に対しても似たようなアプローチを好む。

でも最高裁は、このアプローチを何度もはっきりと却下している。理由の一つは歴史的なものだ。憲法はもともと、きわめて具体的なルールを決めようとしたのか、それとも時代とともに変化するような意味を持つ広い原理を定めようとしたのか？　もし答えが後者なら、スカリアのアプローチは結局自滅的なものとなる。当初の意味は、当初の意味には支配されないというものだったのだ！　一部の歴史家は、原意主義は原意と整合していないと考える。歴史的な問題として、アメリカ創設文書を批准した人々は原意主義を拒否し、新しいエピソードのようなものを支持したということは十分にあり得る。

別の理由は実務的なものだ。憲法の広い条文を、二〇〇年以上も前の意味に当てはめて解釈するのは、筋が通っているといえるだろうか？　「言論の自由」や「残酷で異様な処罰」を理解するのに、一七八九年の人々がそれをどう理解していたか考えるのがいちばんいいのだろうか？　「生きた憲法」のようなものを支持する人々は、そんな考え方が最高とは思えないと主張し、時代が変わるにつれて憲法的な意味も変化するし、判事もそう理解するのが正当なのだと述べる。社会は時代とともに学ぶので、憲法的な意味はその学習を反映したものになる、というのがその主張だ。

憲法の意味が変わるのであれば、判事たちはどうすればいいのだろうか？　選挙の結果で意見を変えるべきか？　自分独自の道徳的な判断をするか？　台頭しつつある社会的な合意をなぞる？　未来を予測する？　憲法が明らかに禁止していない限り、州や国の政府が決めたことをひたすら支持する？　こうした問題について、スター・ウォーズは何か言っているだろうか？

エピソードとしての法

法的な理由づけの性質に関する見事な研究で、法理研究者ロナルド・ドウォーキンは連作小説という魅力的な比喩を持ち出した。一〇人で小説を書けと言われたとしよう（この例は私の考えた骨子であり、ドウォーキン自身の使った例ではない）。各人が一章ずつを書くことになっている。アクバーは第一章を書く——その主人公はマージョリー、コンピュータ企業の重役らしく、それがニューヨークからベルリン行きの飛行機の中で、たまたまジョンの隣にすわり、そのジョンはたまたまCIAの職員だ。第二章を書くのはカイロで、両者の会話を細かく描き出す。カイロが展開したストーリーでは、二人はどちらも離婚していて、ロマンチックな火花が両者の間に散りはじめる。さて次はポーの書く番だ。第三章はどんな具合になるだろうか？

ドウォーキンは、ポーが仕事に忠実ならばできあがる小説をできる限り最高のものにしたいはずだと言う。そのためには、それ以前の話におさまりをつける必要がある。ジョンが実はジャバ

・ザ・ハットでした、なんていう展開にしたら、この物語はかなりばかげた代物になってくる（もちろんポーが実に巧妙ならばそれで通るかもしれないが）。アクバーとカイロの章は、単純で抽象的かもしれないが、この二人はポーに明確な制約をもたらしている。

でも話のおさまりという制約の中で、ポーにはそれでも多くの選択肢があるし、中には他より優れた選択肢もある。二人の登場人物がお互いへの興味を失って新聞を読み始めたら、ストーリーはだれる。もしマージョリーが国家安全保障局と、個人プライバシー保護についての激しい議論のさなかにいるのだ、ということになったら、ストーリーはおもしろくなるかもしれない。

ドウォーキンは、この連作小説というたとえが解釈というものの性質、特に法的解釈の性質について、大変示唆に富んでいると主張する。その通りだ。憲法はアファーマティブアクション・プログラムを禁止しているだろうか？　州に同性婚を認めるよう要求しているだろうか？　そうした質問に答えるには、判事たちはそれまでの判決を検討し、そうした判決を最も適切なものにするのはどんな答えなのか、あるいは憲法を最高のものにするのはどんな答えなのかを考えねばならない。次のエピソードを書かなくてはいけないのだ。憲法というのは、かなりの部分がそういうものなのだ。

「そんなのいやだし、そんなの信じないね」を法学的に言うと

ローレンス・カスダンとジョージ・ルーカスの論争を思いだそう。『ジェダイの帰還』で主要

なキャラが死ぬべきか？　この論争めいたものが、憲法でもたくさん登場してきた。

だれかが新しい展開を示唆する――たとえば、プライバシーの権利は重婚の権利をも含むのだという主張が出たとする。弁護士が、その結論の根拠を述べる――たとえば、プライバシーというものがあるなら、人々は好きな一人と結婚するだけでなく、好きなだけ多くの人と結婚していいはずだ、という具合に。それに反対する人もいる（「そんなのいやだし、そんなの信じないね」）――そして過去の判例から、プライバシーは一人と結婚する権利しか含んでおらず、多くの人々と結婚する権利はないと述べる。別の人が、実は重婚保護はすばらしいアイデアで、先例ともうまく整合するし、そうした判例が始めた物語の続きとして最高のものだと述べる。懐疑論者は、重婚は結婚という制度のそもそもの存在理由を破壊してしまうし、判例はそうした制度の根拠を慎重に保護してきたのだと述べる。判事たちは議論し、意見が分かれ、そして投票する。憲法はそういう仕組みで動くのだ。

最高の歴史的な例が言論の自由だ。多くの弁護士をも含む多くの人々にとって、現代の言論の自由に関する法は、なにやら『ホイルス銀河史』から登場したように理解されている――まるでどこかから湧いて出たかのように（たとえば法文の原意の理解や、ジェイムズ・マディソンの基本的な約束に基づくかのように）。でもそれはまちがっている。商業広告の分野を考えよう。

一九七六年まで、最高裁は修正第一条が商業広告も保護するなどという判決を下したことはなかった。最高裁は独自の「私がお前の父親だ」的瞬間を作りだし、憲法がまさに商業広告も保護すると判決を下した。そしてその付帯意見は、それが根本的に改訂しようとしている伝統との連続性を主張していた。「我々は、すでに解決を見ているか、真剣な論争をすでに終えた主張から出発する。（中略）こうした情報の抑制の危険と、それが自由に得られる場合の誤用の危険性との選択こそ、まさに修正第一条が我々のために行うものなのである」

ホントですか？ 修正第一条がそんなことをするんですか？ そうだと力説することで、法廷はそれまで行われたことすべてに新しい光を当て、まったく新しい理解を要求することになった。一九七六年まで、修正第一条はそんなことをするとはまるで理解されていなかった。商業広告において、法廷は二〇〇年近くの間、一度たりとも修正第一条が、情報の抑制とその誤用の危険を容認するのとの間で選択を行うなどとは主張していない。それどころか、公職にある者はそうした言論は、適切と考えれば規制してよいのだと主張してきた。法廷はジョージ・ルーカスとかなり似たふるまいをしていたわけだ。大胆なイノベーションをしているのと同時に、そこに連続性があると主張しているのだ。

最近の商業的な言論保護を考えると、言論の自由の伝統についてまったくちがった理解を試みることもできる。その伝統の「核」にあったのはずっと、政治的な言論だけだった。それはアメリカ人が、指導者や政府について好きなことが言えるよう保証するものだった。でもゲームの終盤（一九七六年！）になって、法廷はその伝統を崩し台無しにしかねない形で、そこに商業広告をまちがって付け加えた。そうした広告の保護はまちがった動きであり、現実世界であれば「私が「お前の父親だ」と言う代わりに「私がお前のネコなのだ」と言うに等しいものだ。

でも実際の問題はそれよりはるかにややこしいし、創造性と逆戻りの役割はずっと大きい。実は政治的言論も、当初から保護されていたわけではない。建国から二〇世紀半ばまで、かなりの検閲があったし、憲法がそれを邪魔しているとは考えられていなかった。公職者は有害と考えた言論を処罰することが許されていた。これはその言論が、明白で即座の危険らしきものをまるで創り出さない場合でも当てはまる。一九六三年というごく最近まで、政府が本気で処罰したいと思ったら異論の主張者たちは深刻な危険にさらされていた。

確かに、現在では政治的言論には強い保護が与えられている。でもそれは、時代の中でごく短い（そして最近の、輝かしい）瞬間に創り出されたものであり、いくつかの「私がお前の父親だ」的な判断いくつかによって特徴づけられたものだ。そうした判断は特に、一九六四年と一九六九年に生じた。修正第一条を、州侮辱罪の適用に対するバリヤーとして使うにあたり、法廷はそれまでにあったすべての判例の再考を必要とする主張を行った。「公的な批判の声を上げる者たちに対する恐怖と尻込みの帳《とばり》は、憲法修正第一条の自由が生き延びられない雰囲気を生み出す」（本当だろうか？　おそらくは。でも別の世界では――スタートレックは検討したが、スター・ウォーズは検討しなかった世界では――法廷はそうは考えなかった）

修正第一条について言えることは、憲法の無数の領域についても言える。人種分離は容認できず、それ以外の人種差別形態も認められないが、その原理は一九五〇年代の産物だ。もちろん平等な保護条項は南北戦争後にできたものだが、現在の平等保護法が、昔の条文からまっすぐ出てくると主張するのは、かなりの誇張だし、レイアが「私は前から分かってた」と言うようなものだ。いま我々が享受している宗教の自由は、一九六〇年代の産物だ。性差別禁止は一九七〇年代にきた。アファーマティブアクションに対する強い制約は、一九九〇年代と二〇〇〇年代に生まれた。最も驚異的かもしれないこととして、最高裁は二一世紀に入るまで、個人の銃所有を保護しなかった――厳密には二〇〇八年になるまで。

これらの判例のそれぞれで、弁護士も裁判官も、『ホイルス銀河史』を指摘しようと頑張るが、でもそんなものはない。ここでは何も不可避ではない。そうしたものに伴う社会運動や判断（「それは我々ができる限りの最高のことだ」に等しいもの）がなければ、アメリカはまったくちがった憲法理解を手にしていただろうし、憲法上の権利もまったくちがっていただろう。最高裁が別の道をたどっていても、それはいま我々が見ているのと同じくらい当然に思えるだろうし、また事前に決まっていたかのような印象を与えることだろう。

「原意主義」

『新たなる希望』を書いたとき、ルーカスは『帝国の逆襲』『ジェダイの帰還』の大きなストーリー展開がどうなるか、まったく見当もついていなかったのを見てきた。今後のエピソードを書くとき、次のような質問を参照するというのは、ルーカスにとっても共著者にとっても後継者にとっても、馬鹿げたものとなっただろう：ルーカスの当初の理解はどんなものだったのか、というものだ。スター・ウォーズ・シリーズの中心的な問題についていえば、そんな理解はなかったから参照しようがないし、他の話ならそれはまちがった方向性を示す（ルーカス自身の言う通り）。憲法についていえば、当初の理解と現在の問題との間には長い時間的な遅れ（何世紀にもわたる）があるし、多種多様な予想外の状況（電話、テレビ、インターネット、女性と男性の役割変化）が台頭してくることもあって、問題はすさまじくややこしくなる。

どんな時代でも、憲法は不可避性の雰囲気を漂わせる。いま主流の物語が計画されたものか、あらかじめ予言されたものか、あるいは何か『ホイルス銀河史』の産物であるといった感覚だ。ジェダイの役割を果たそうと、多くの原意主義者たちは、憲法の現状を保護したいと明らかに願って、現在の法の相当部分が実は当初の理解から出てくるものであり、それはそのドクトリンが一九五〇年代に成立したものだろうと、一九八〇年代だろうと、二〇〇〇年代だろうと、去年だろうと変わらないのだと言いたがる。

たとえば一部の人は、南北戦争の後で批准された平等保護条項が、人種分離や性差別や性的嗜好に基づく差別すら禁じていたのだ、と主張する。建国後、言論の自由という原則はアメリカ人が今日享受しているような広範な保護を作るものだと理解されていたのだ、と主張する。またジェダイを自認するような、多くの他の判事も、原意に縛られてはいなくても、似たような主張をし、自分たちは自分の解釈している条項について中立的に語っているのだと主張したり、その条項の内的論理を明示的に述べているだけなのだと主張したりする。

そういうのを信じてはいけない。ジェダイだろうとシスだろうと、憲法の多くの著者たちは、スター・ウォーズの著者ととても似ていて、自分自身の創造プロセスが持つ本質を隠そうとするのだ。

どの順番で観るべきか？

憲法では、エピソードの順番は時間で決まっている。裁判が二〇一九年に登場したら、最高裁は判決を一九七一年に下すことはできない。でもスター・ウォーズ映画なら、人々は選択の自由がある。最低でも、子供や友だちをこのシリーズに紹介したり、自分で初めて観たりする場合には、選択の余地がある。

二つの可能性はすぐに思いつく。公開順（4、5、6、1、2、3、7）とエピソード順（1、2、3、4、5、6、7）だ。自分の六本の映画について、ルーカスはエピソード順を強く推奨しているし、確かに論理的にはそれが一番強い。出来事が展開する順番に観られるし、すべて（そこそこは）筋が通っている。もっとさりげないが別の長所もある。『シスの復讐』の最後で、アナキンはちょうどダース・ベイダーになったところだから、『新たなる希望』でかれが完全なベイダー――全身ダース・ベイダー――になって登場するときに、すさまじいドラマがある。これはまさに独自の「スゲー」という感じだ。

でも私に言わせると、エピソード順には決定的な問題がある。サーガの驚きを失ってしまうし、サーガの最高の瞬間、つまり「私がお前の父親だ」のインパクトが薄れてしまう。1、2、3を観たら、すでにダース・ベイダーがアナキン・スカイウォーカーで、ルークの父親なのはわかってしまう。また『新たなる希望』の各種の謎やクールな部分（オビ゠ワンってだれ？　フォースって何？）も失ってしまう。だからエピソード順だと、最高の映画二本のおもしろさは半減する。この二つの選択肢だと、公開順がベストだ。

一部の人は、創造的な別の順番を考案した。4、5、1、2、3、6、7はどうだろう？　ちょっと考えてみてほしい。このアプローチは、「私がお前の父親だ」の長所はあるし、二つの最高峰の謎から出発しつつ、前日譚はある種のフラッシュバックとして扱う（ちょうどエピソード5の最後の緊張が続いている間だ）。そしてすべてを本当のフィナーレでまとめ、最高のものを観てから、三番目の三部作が開始される。決して悪い考えではない。

これをひっくり返すようなひねりは、マチェーテ順と呼ばれる。4、5、2、3、6、7だ。このアプローチでは、『ファントム・メナス』はそもそも観ない。それで失われるものはあまりない。子供時代のアナキンは観られないが、別に大したことはないし、『ファントム・メナス』もいいところはあるけれど、サーガ全体の展開で決して不可欠ではない。マチェーテ順はかなりいい考えだ（でも私は、最悪ではあっても『ファントム・メナス』がちょっと好きだ）。

もちろん他の可能性もある。ランダム順はどうだろう。6、4、3、1、7、2なんてのは？

すべてすでに観たことがあったり、酔っ払っていたりする場合ならあり得る。あるいはエピソードの逆順、7、6、5、4、3、2、1はいかが？　一種の脳みそへの刺激が欲しいとか、あるいは最悪のものを最後に取っておきたいとかならこれもあるかもしれない。

評決は？　公開順に観なさい。これぞ王道。

エピソードⅨ：フォースと英雄の旅

魔術、神様、人間のお気に入りの物語

人の住むあらゆる世界で、あらゆる時にあらゆる状況で、人類の神話は花開き、それが人間の心身活動から出現したその他すべてに、生きたインスピレーションとなってきた。

——ジョーゼフ・キャンベル

人間や、ヨーダのような外見の存在が、モノを宙に浮かせるなんて思うのは、いささか荒唐無稽だ。そうだろう？　でもフォースを本当に習得できたら、いろいろ驚異的なことができる。一覧を挙げよう。

・弱い心を操る
・心から情報を引き出す（ダークサイドに限られるかも）
・モノを実際に見なくてもどこにあるか感じ取れる
・未来を見通せる、というべきか

・指先からエネルギーを放出して敵を痛めつけ、殺せる（ダークサイドに限られるかも）
・ポッドでとても上手に競争できる（高速で正確に、衝突したり殺されたりせずに操縦）
・人々の居場所を感じ取れる。特に親戚だったり向こうもフォースを持っていたりする場合は
・人々を絞め殺せる
・人々を持ち上げて放り出せる
・飛び跳ねて高速で身をよじれる
・物体、特にライトセーバーを浮かせる
・フォースの乱れが感じられる。それはどうやら大きな事件（たとえば惑星が吹っ飛ぶなど）で生じるようだ
・死んでも蘇る（光の側に限られるかも）
・デス・スターの小さい割れ目にミサイルを発射して、デス・スターを爆破する（注：銀河系で最高のパイロット、ポー・ダメロンもそれができるが、かれはフォースがないかもしれない）

スター・ウォーズの宇宙の外で、こんなことができる人はいるだろうか？　広告業者や政治家たちはもちろん弱い心を操れる（「これはきみたちの探しているドロイドではない」がかれらの

モットーかもしれない）。実は、ジェダイのマインド・トリックだと思ってよさそうなものに関する大量の研究があるのだ。心理学や行動経済学では、選択肢をある種の方法で表現したり、状況のある特徴を目立つようにしたりするだけで、人々を思い通りに動かしたり、こちらの見たいものを見せたりできることが示されている。人々の関心を操作するならジェダイでなくてもいいのだ。

ちょっとした実験。ある手術を受けた患者のうち、一〇年後には九〇パーセントが生きていると告げられたら、それを聞いた人もその手術を受けようとする可能性は高い。でも患者のうち、一〇年後には一〇パーセントが死んでいると告げたら、人はその手術を拒否しがちだ。でももちろん「九〇パーセントが生きている」のと「一〇パーセントが死んでいる」のはまったく同じだ。問題を表現するのは、それを「フレーミング」する方法であり、フレームは有効なマインド・トリックになる。

二〇一五年にノーベル賞受賞経済学者、ジョージ・アカロフとロバート・シラーが、変わった題名の重要な本を出した。『不道徳な見えざる手』という本だ。基本的な発想は、釣り師と呼ばれる一部の人は、カモと呼ばれる他の人々をだませる、というものだ。釣り師は、クレジットカードや住宅ローン、煙草、アルコール、不健康な食品を売ったりする。人々（カモ）を操ってだます。シスとは言えないにしても、まちがいなくジェダイの騎士ではない。でもかれらは、人々が見るものをコントロールできるのだ。オビ＝ワンはずばり言い当てた。「目はごまかされる。

信用するな」

こう考えたらどうだろう。行動科学者、特に『ファスト&スロー』のダニエル・カーネマンは、脳のシステム1にあたる「速い思考」と脳のシステム2にあたる「遅い思考」を区別する。システム1はすばやく、直感的で、時に感情的だ。大きな犬を見ると怯え、スター・ウォーズのおもちゃを見るとすぐに買いたくなる。システム2はもっと思索的で熟慮する。大きな犬を見ても、たぶんおとなしいだろうと理解するし、おもちゃについて言えば、「もうスター・ウォーズのおもちゃは八一個も持っているからそれで十分だ」と言える。ジェダイの騎士は人々のシステム1に訴え、自分の好きな方向に動かすのだ。

数カ月前に、いまの段落を息子のデクランに説明した。デクランはおもちゃが大好きで、おもちゃ屋の前を通るたびに抵抗できずにいる。いまの説明を聞いて一週間ほどして、おもちゃ屋の前を通ったときにデクランは私に尋ねた。「パパ、ぼくにはシステム2なんてないんじゃないの？」

心理学では、重要な議論がロバート・チャルディーニ『影響力の武器』に登場する。そこにはジェダイ的な小技が六つ出てくる。その一つは返報性だ。人々は好意のお返しをしたがるし、何かを人にあげたら（割引とか、小銭とか、トークンとか）、たぶん何かお返しにもらえるはずだ。別の原理は社会的証明だ。多くの人が何かを考えたり何かをしたりすれば、他の人も同じ考えや行動をしたがる（人々の行動を変えるのに有効な方法は、いまその人にやったり考えたりしてほしいと思っていることを、他のみんなもしていますよと告げることだ)。別の原理は希少性だ。人々は、手に入れにくかったり、なかなか出回らなかったりするものを魅力的に感じるのだ。

パターン認識

はいはい、いまのはジェダイの技とは言いがたいかもしれない。でも大スポーツ選手は、絶対に見えないはずのものが見えたりするようだ。ときには「頭の後ろに目がついている」などと言われる。ニューイングランド・ペイトリオッツのクォーターバック、トム・ブレイディを見てみよう。ときには、視界に入ってもいないラインバッカーやディフェンスのラインマンが見えるように思える。バスケットボールでは、多くの選手が「見ないでパス」を習得した。マジック・ジョンソンというあだ名もそのおかげだ。野球では、自分にまっすぐ打球が返ってきた投手は、とんでもない反射時間でボールをキャッチする。

暇なとき、私はスカッシュをする——テニスとちょっと似ているが、屋内競技で、小さなボールは時速二七〇キロにもなる。私は世界最高の選手と練習する特権を得た。かれらの予測力は信じがたい。ここにいたと思えばあちらにいて、それがまさにボールの来るところなのだ。私の知っているスカッシュの大選手は、一時的に片目が失明寸前までいった。でもほとんど影響しなかった。ボールがどこにくるかわかっていたからだ。一部の運動能力は、他の文化の一部だともっと感動的だ。暇があったら、ビルマで行われるチンロン競技(蹴鞠に似た競技)の試合を見てみるといい。まるでスター・ウォーズから出てきたようにも見える。そしてもちろん、多くの人は高速で動く乗物（車や航空機を含む）の操縦が驚くほどうまい。

ちなみに、物事が起こる前に予測できるように見える運動選手の能力については説明がある。それはパターン認識と関係している。これはジェダイ（およびシス）の基本的な能力かもしれない。フォースを感じたら、他の人にはぼんやりとしか見えないところにパターンが見えるわけだ。だからずばり何をすればいいかわかる。だからデス・スターの小さな穴に撃ち込むのにコンピュータが要らない。だから「心を信じる」ことができる。心は直感であり、それは他の人に知覚できないものを知覚するように鍛えられているのだ。

これは現実で、ただのジェダイのお話ではない。野球、バスケットボール、フットボール、テニス、スカッシュなどで、一般人ならカオスやノイズしか見えないところに、一流選手は基本的に即座におなじみのパターンを認知できる。チェス盤を一瞥しただけで、何が起きるかずばりわかる（「白があと四手でチェックメイト」）チェスの名手と同じだ。ここに魔法はないし、フォースの力を感じる必要もない。練習とくり返しの産物で、それにより状況の複数の側面を即座に認識できるようになるのだ。練習の結果、一流選手は鋭く訓練されたシステム1を持ち、それがジェダイ的な能力に見える。ハンへの話で、オビ＝ワンはこれに近いことを主張しかけた。「私の経験では、ツキなどというものはないね、我が若き友よ――複数の要因をきわめて有利に調整し、事象をこちらに有利となるように傾向づけるだけだ」

これが不思議に思えるなら、自動車の運転を考えて欲しい。当初は、ずいぶん混乱する。アクセルはどのくらい強く踏めばいいのか？　別の車がこちらの車線に入ってきたらどうする？　一分ごとにやたらにいろいろ決断が必要だ。でもしばらくすると、こんなに簡単なことはないほどになる。その理由は、パターンがおなじみになるからだ。それを即座に理解できるようになる。

人によっては未来はそれほど不透明ではない

だれも未来は見通せないと思うかも知れないが、フィリップ・テトロックとダン・ガードナーが示した通り、本当に「超予測力」を持つ人もいる。何が起こるかを予測する不思議な能力があるのだ。おもしろいことにそうした人々は次のような発言に賛成しがちだ。これは現実世界のジエダイ・コードと見ることもできる。

1. 不可避なことなどない。
2. 第二次世界大戦や9・11テロといった大きな事件も、まったくちがう結果になった可能性がある。
3. 人々は自分の信念にあわない証拠も考慮すべきである。
4. 自分に同意する人より、同意しない人に注目するほうが有益だ。

ちなみに、かれらは次のような主張には反対する。

1．個人の生活で、偶然が重要な出来事になることはほとんどない。
2．直感は意思決定の最高のガイドである（悪いね、オビ＝ワン。「心を信じろ」は必ずしも最高のアドバイスではなかった）。
3．反証が出てきても信念を捨てないのが重要である。

確かに、超予測者たちはフォースのようなものはまるで感じない。確率についてきちんと考え、可能な将来への道筋の構成部品について分解し、どれが本当に可能性が高いかについての感覚をつかめるのだ。「曇っている、未来は」という主張には大いに賛成する——でもその雲がどこからきて、どれだけ大きいかを見通す力が異様に高いのだ。

同時に、ジェダイの力の一部は確かに普通の人間の能力を超えているようだ。というのもフォースは超自然的な力をもたらすからだ。オビ＝ワンの有名で謎めいたせりふだと、それは「ありとあらゆる生き物が作り出すエネルギーのことさ。わしらのまわりにつねに存在し、銀河をひとつに結びつけている」。物体を浮遊させたり、死から蘇ったりする者などいるわけがない。フォースがあろうとなかろうと、ほとんどの人はそれを使えない……

……かな？

消えたゴリラ

数年前、たまたま三〇人ほどといっしょに大学の講義室で大きな画面を見ることになった。リチャードという友人が、短いビデオを見てくれというのだ。そこでは人々がバスケットボールを投げ合っている。そして、リチャードはちょっとした作業を課した。パスの回数を数えろというのだ。決して楽な作業ではなかった。四五秒ほどで私はわからなくなってしまった——でもその後も努力した。ビデオは八二秒ほどで終わり、リチャードはパスの回数を尋ねた。正解を出せた人はほとんどいなかった。

そこでリチャードはさらに尋ねた。「ああそうそう、ゴリラには気がつきましたか?」みんな笑った。いや、一人だけは手を挙げて「見ました」と言った。

そのときには、手を挙げた人物はまちがいなく冗談のつもりなのだと思った。でもそこでリチャードは穏やかに言った。「もう一度観てみましょう」。確かに、ゴリラがビデオの半ばで登場し、胸を叩いて立ち去る。実にはっきりと、画面に九秒ほど登場する。何も隠されていないし、ごまかしもない。それなのにほとんど全員が気がつかなかった。

最近、いまの話をしてからこの動画を成人した我が娘のエリンに観せた。観た後で彼女は「ゴリラなんてどこにいた?」と尋ねた。明らかに、ゴリラがいると教えられてもそれが見えないこともあるのだ!

ほとんどの集団は、私のいた集団よりは少しできがいい。通常は、参加者の半分がゴリラを見損ねる。でも半分といえばかなりの数だ。この実験を設計したクリストファー・チャブリスとダニエル・シモンズが被験者とのありがちな会話としてこんなものを報告している。

Q：パスを数えているときに、変わったものに気がついたりしませんでしたか？
A：いいえ。
Q：プレーヤーたち以外に何か気がつきましたか？
A：えーと、エレベーターがあって、壁にSと書いてありました。なぜSと書いてあるのかはわかりません。
Q：プレーヤーたち以外にだれかいましたか？
A：いいえ。
Q：ゴリラに気がつきましたか？
A：何に、ですって？

見えないゴリラ実験は、実に興味深い。それは人間の関心の性質と限界について重要なことを教えてくれて、ジェダイのマインド・トリックの手法についても教えてくれるからだ。人間は限られた心的「帯域幅」しかないので、目に見えるものの側面のすべてではなく、一部だけに集中する。専門用語だと「不注意による見落とし」というもので、これがオビ＝ワンやルーク、レイの活用するものだ（と言おうか）。限られた帯域幅のせいで、人々は目の前にあるものを見落とす――だから操られてしまう。

さらに、人はその事実に気がついていない。チャブリスとシモンズが述べているように「人々は自分の視覚世界について、思っているよりもはるかにわずかしか体験していないのだ」。結果として、ジェダイやシスでなくても人の注目を望みのところに向けられるのだ。

プロの手品師はこれを熟知している。スリで手品師のアポロ・ロビンスはこう強調する。「人々には使える心的なお金が限られているのだ」。いったんそれを使い果たすと「被害者は本当に起きていることに注目するために使えるものが残っていない。あら不思議！ 財布が消えています」。ロビンスは「脳の帯域幅の一部を」使い果たす手段としてジョークを使う。肝心なのは、脳の「二人の警備員」の注意をそらすことだという。つまり、その二人に、何に注意すべきかについて口論させて、そうした比喩的な警備員の注意がそれている間に泥棒をしやすくすることだ。手品師はこうした注意をそらす手法の名手で、手品の仕掛け以外のものに観客の意識を向かせるのだ。

ロビンスに言わせると「関心は水と同じです。流れるんです。それを流す道筋を作り、そちらに流れてくれるよう期待するんです」。まるでヨーダが言いそうな台詞ではないか？（水のように流れる、関心は。そう）

二〇世紀のジェダイ

でもフォースの霊なんかいるんだろうか？　二〇世紀は人々を墓の向こうから何やら連れ戻せるようなジェダイの騎士を目撃しただろうか？　それも一人ならず？　魅惑的な本『ライム街の魔女』でデヴィッド・ジャハーは手品の仕組みについていろいろ教えてくれるし、そこからフォースについても少しわかるかもしれない。

ジャハーの説明によれば、一九二〇年代には世界最高の思想家たちですら、死者と話ができると思い込んでいた。アーサー・コナン・ドイル卿は、かの名探偵シャーロック・ホームズを創り出した。ホームズは常にインチキや小細工を見通せた。でも大戦で息子を失ったドイルは、死が「いささか不要な代物」と思っている、筋金入りの心霊主義者でもあった。一九一八年のかれのベストセラー『新たなる啓示』で、かれは心霊主義を熱烈に擁護した。その献辞にはこうある。「何よりも重要な真実のために証言するべく、七〇年にわたる嘲笑や不遇に直面するだけの道徳的勇気を持つ、慎ましい者も学歴ある者も含む勇敢な男女すべてに捧げる」一九一九年から一九三〇年にかけて、ドイルはこの問題についてさらに一二冊の本を書いている。

一九二〇年代には、いまと同じく『サイエンティフィック・アメリカン』（日本では現在『日経サイエンス』）はきわめて尊敬され、研究成果を広めるのに貢献する雑誌だった。一九二二年にドイルはこの雑誌とその編集長オーソン・マンに挑戦状を送り、心霊現象をまじめに研究しろと迫った。同誌編集者ジェイムズ・マルコム・バード（コロンビア大学の元数学教授）は面白がった。一一月に同誌は、きわめて喧伝されたコンテストを開催した。ジェダイめいた「物理的顕現」――たとえば物体を部屋の中で跳び回らせるなど――についての決定的な証拠を出せる人物にはだれでも五〇〇〇ドルの賞金を出すというのだ。同誌はまじめくさって「これまで心霊的な主張の正当性について決定的な結論には今だ到達できていない」と述べた。

当初の候補者たちはみんな、このテストで失格した。委員会に見破られたのだ。その頃、ミナ・クランドンという女性が国際的な注目を集めていた。ある友人は、多くの人の意見として、彼女を「それはそれは美しい少女」と述べ「私がこれまで出会った中で、最も徹底して魅力的な女性」と表現している。また彼女は物体（テーブルや椅子）を浮遊させ、死者と話ができた。特に弟のウォルターと話ができるのだった。

ロンドンで、彼女は調査員数名の前で実演し、テーブルを浮かせて漂わせた。彼女とその夫はドイルと仲良くなり、ドイルは「彼女の力の正真性と威力」を証言した。バードは彼女に同誌のコンテストに参加するよう招いた。その挑戦を受けて立った彼女は、物体を動かし、様々な場所で音を立て、ウォルターの霊を下ろした。『サイエンティフィック・アメリカン』一九二四年七月号で、バードは彼女について「マージェリー」という仮名でプライバシーを守りつつ記事を書いている。「委員会がこれまで扱ったどの事例よりも、当初の正真性の可能性はずっと高い」とかれは述べた。バードの記事は広く議論された。『ニューヨーク・タイムズ』の見出しは「マージェリー、すべての心霊試験に合格」とある。『ボストン・ヘラルド』は「受賞を決める五人中四人は彼女が一〇〇パーセント本物と確信」と喧伝した。

彼女の正体を暴露するには、高名な奇術師ハリー・フーディーニが必要だった。ハンがルークに言ったように「あんなの単純なトリックとナンセンスの山だよ」。何度かにわたり彼女を慎重に観察して、フーディーニは彼女がどうやっていくつかの最も驚く結果を実現しているのか解明した。明らかに感銘しつつも、かれはクランドンについて「私がこれまで見た中で最も『巧妙な』詐術を使い、あらゆる懐疑論者を転向させた」と述べている。一九二四年一一月に、かれは長いパンフレットを書き、彼女の降霊会の詳細な図を載せて、クランドンが暗闇の中でどうやって脚や頭や肩を使い各種の効果を実現したかを示した。

だがクランドンの無数の擁護者たちは納得しなかった。かれらはフーディーニについて、どうしようもなく了見の狭い人物で、かれのほうがインチキなのだと主張した。ドイルはフーディーニについて、偏見を持った不正直な人物だと糾弾した。この糾弾で二人の友情は破綻した。何年もたった後でも、ドイルはこう主張している。「私はあれが、マージェリーではなくフーディーニの正体を暴いたものだったと確信している」

どうやってマージェリーは、当時の最高の思想家たちを含むあれほど多くの人々をだませたのだろうか？　答えは人々の注目を操作する驚異的な力という形の、ジェダイのマインド・トリックと大いに関係している。マージェリーを調査した一人、プリンストン大学の心理学者ヘンリー

・C・マッコマスの小話がある。かれはマージェリーの超自然的な技に驚嘆して、自分はこの目ですべてを見たのだとフーディーニに述べた。マッコマスによれば、その台詞に対してフーディーニが示した怒りは生涯忘れられないという。「見たとおっしゃいますか。あなたは何も見てなんかいませんよ。いまは何を見ましたか?」そう言ってフーディーニは、五〇セントを手のひらの間でパチンとはさんだ。すると五〇セントは消えうせた。

フーディーニの強敵は最後まで告白しなかった。ある研究者はすでに未亡人となって二年たち、自分も病床につき臨終近くなったミナ・クランドンに、告白したほうが楽になれますよ、世界にその手口を教えて下さいと示唆した。すると驚いたことに、彼女の目にかつての陽気さの輝きが戻ってきたのだった。そして彼女は静かに笑って、こう答えた。「当ててごらんなさいよ」

これが最高の答えだが、マージェリーがいろいろ見えないゴリラを使ったのはほぼ疑問の余地がない。人々の注目をどこかに集め、他のところから目をそらすことで、彼女は自分の見せたいものだけを人々に見せられたのだった。要するに「これはきみたちの探しているドロイドではない」というわけだ。

ジェダイのナッジ、シスのナッジ

我が友人で共著者のリチャード・セイラーと共に、私は「ナッジ」――民間や公共の機関による介入で、選択の自由は完全に維持しつつも人々をある方向へと導くもの――について検討してきた。GPS装置はナッジだ。行きたいところに行く最高の方法を教えてくれる。リマインダーはナッジだ（「お出かけにはライトセイバーをお忘れなく！」）。警告表示もそうだ（「右手にアステロイドがある」）し、単純な情報もそうだ。社会規範について人に話せば（「ほとんどの人はダークサイドは避ける」）、それはナッジだし、ある種の行為を促進するような形で状況を「フレーミング」する（「フォースの使い方を学ぶ人の九〇パーセントは、三カ月でそれを習得できます」）のもナッジだ。

世界中で、各国政府はナッジに大いに関心を示している。二〇一〇年にイギリスは行動洞察チームを作った。二〇一四年にアメリカも、独自の社会行動科学チームでその顰《ひそ》みに倣《なら》った。オーストラリア、ドイツ、オランダも似たようなチームを組織した。かれらはジェダイ・マインド・トリックは使わないが、行動経済学や人間心理学の成果を活用し、政府がもっとうまく機能できるようにはする。

ここで、二種類のナッジを区別しておこう。オープンで透明性を持つナッジと、もっとこっそりしたナッジだ。カロリー表示や喫煙リスク警告は、完全にオープンだ。何も隠されたりごまかされたりはしていない。でも健康的な食品が視線の高さに置かれ、あまり健康的でない食品が見えにくいところに置かれたら、一部の人はそこに操作の危険があると考える。サブリミナル広告はずっとひどい。人々は自分が影響を受けているのに気がつかないからだ。

ジェダイとシスはどちらもナッジが得意だ――透明性あるものも隠れたものも。実はどちらも両方やる。そしてフォースはかれらが弱い心を操れるようにするが、どちらも何か倫理的な制約は持っているらしい。通常は人々に選択をさせたがるし、しかも自由に選択させようとする。オビ＝ワンやヨーダや、ベイダーや皇帝がルークの心を同意なしに操れるかはわからない。でも、みんなルークにある方向の選択をしてほしがっているのは明らかだ。ファウスト博士の物語を反響するように、ダークサイドはルークの魂を求めているというのは述べた。でもルークは、それを自分の自由意思で差し出さねばならないのだ。

セイラーが共著の『実践行動経済学（原題「ナッジ」）』にサインするときには、必ずこう書き添える。「よいほうにナッジを」。なぜかといえば、人間心理を理解すると、人を傷つける機会も生まれるからだ――人々の直感をその人に有害な形で使えてしまうのだ。民間企業はまさにそれをやるときもある。また悪徳政治家も同様だ。詐欺の釣り師はシスではないにせよ、ナッジはするし、しかもよいほうにではない。

古い神話、新たなやり方

でもフォースは人間心理や行動バイアスや手品の話ですらない。それははるかにドロドロして謎めいたものだ。何よりもそれは「信念にもとづく跳躍」を必要とする。クワイ＝ガン・ジンは「生きたフォースの道は我々の理解を超えている」と主張した。

まちがいなくその通りだが、ジョージ・ルーカスの道は、少なくともここではかなり明白だ。

かれは今も昔も宗教に大いに関心があり、何か心霊的なものを伝えようとしていた。わずか八歳のときにかれは母親にこう尋ねている。「神様が一人しかいないなら、どうしてこんなに宗教があるの？」その後もかれは、この質問に魅了され続けてきた。スター・ウォーズを書くにあたり、ルーカスはこう言った。「私は神がいて、善と悪があるという前提に基づく宗教のコンセプトがほしかった。（中略）私は神を信じているし、正しいこととまちがったことがあると信じている」

スター・ウォーズは意識的に各種の宗教的伝統を拝借している。ルーカスは、重要な意味において、あらゆる宗教は基本的に同じだと考えている。これについてかれは明確に述べていて、それを拝借することで「古い神話を新しいやり方で語っている」のだと主張する。かれがジョーゼフ・キャンベルに大いに影響されたことは見た。キャンベルはルーカスの「最後の師匠」であり、多くの神話や多くの宗教は単一の物語、人間無意識の産物に根ざしているのだと主張する。キャンベルはある意味で、八歳のルーカスにある種の答えを出したと見ていい。神は一つで、あらゆる宗教がそれを崇めているのだ、と。キャンベルは、一見すると多種多様な神話は、明確な特徴を持つ「英雄の旅」を利用するか、そこから派生したのだと論じている。

手短に言うと、英雄は何か冒険に駆り出される（偶然の作用でか、あるいはだれか苦しんでいる人がいるとかで）。最初はその呼びかけを断り、怖いとか、習慣に反するとか、そんなことはできないとか言う。でもやがてその呼びかけに応《こた》えなくてはと考え、家を離れる。深刻な危険に直面して、超自然的な助けを求めると、それはしばしば小さく老いた賢い男女という形で得られる（オビ＝ワンやヨーダを考えよう）。各種の試練でイニシエーションを受け、中には命に関わるものもあるが、何とか生き延びる。そしてたとえば悪魔的な存在からの、何か邪悪な誘惑に直面するが、それに抵抗する（それがきわめてむずかしいこともある）。その段階でかれは父親と和解する――そして神のような存在となり、宗教的な存在となる（神格化）。最も危険な敵を倒し、かれは故郷に凱旋する。

これはもちろん、多くの神話や宗教的伝統のまとめだ。またポピュラー文化の無数の本やテレビ番組や映画のあらすじでもある（マトリックス、バットマン、スパイダーマン、ジェシカ・ジョーンズ、ハリー・ポッターはその好例だ。他にも多くのマンガや映画がこれに基づく類似のストーリーを持っている）。要するにこれは、最初の三部作でのルークの旅だ。ルーカスに言わせると「スター・ウォーズをやったとき、意識的に神話や古典的な神話モチーフを再演しようとした」。英雄の旅はまた、前日譚のアナキンの行動でもある――ただし最後のひねりは、アナキンは救済者ではなく怪物になってしまうというものだ。でも実は、かれは究極の救済者であり、フォースのバランスを回復する選ばれた者であり、したがってかれの旅は、六つのエピソードを全体として捉えれば、見事に標準パターンにおさまる。初めて最初の三部作を見て、キャンベルは感激したという。「いやはや、真の芸術はピカソ、ジョイス、マンで終わったと思っていたがね。これでそうではなかったのがわかった」

ルーカスが述べたように「スター・ウォーズでは、宗教だった――すべては宗教的だが、みんなが受け入れやすい形にされて、議論の余地があるような現代的なモードに陥らないようにした。それは世界中に出回ったよ」。スター・ウォーズの永続的な勝利は、それが分散した文化や心理に組み込まれたおなじみの物語を使い、それをまったく馴染みのない環境に置いて、それを新鮮で感動的にして、一連の感情的に驚くようなひねりを加え、それにより子供向け映画シリーズが人の心を打つようにしたということだ。我らが現代の神話は、心霊的な探究でもあり心理ドラマでもある。そして救済は常に可能であり、だれでも許されることはできるし、自由が決して幻想などではないと主張するのだ。

エピソードX：我々の神話と我々自身

なぜスター・ウォーズは心に響くのか

古い『フラッシュ・ゴードン』シリーズの焼き直しとして生まれたスター・ウォーズは、少し子供時代の想い出のようでもあり、ちょっとファーストキスにも似ているし、ちょっとクリスマスプレゼントのようでもある。空気のようでもある。スター・ウォーズはずっと我々と共にある。タイミングがすべてではあるし、ツキも効く。一九七七年には、時代はまちがいなく英雄や隠者、ドロイド、ライトセーバーについての明るい物語に向いていた。暗殺や騒乱や倦怠感の後で、アメリカは大きな高揚を必要としており、『新たなる希望』はまさにそれをもたらした。二〇一五年には、再始動はその時代のノスタルジアへの嗜好（続篇とさらなる続篇）に大いに恩恵を受けたし、またよい報《しら》せがなんとしても欲しいという希望にも沿っていた。おなじみのキャラとキャストは、人々を自分の若き日や、生死を問わず両親たちと結びつけた——そしてかれらの子どもたちとも。リーマンショックの後で、テロの脅威の最中に、レイ、フィン、ポー、レジスタンスは実に魅力的だった（死んだとはいえハン・ソロも）。

人々はまた、他の人が好きなものを好きになる傾向がある。大きなもめごとがあれば、ほとんどの人は何事か知りたがる。共通の知識と共通の体験に対する人間の欲望は奥深いものだ。国は、多様な人々が共有できるお祭りやイベントを必要とする。休日、映画、テレビ番組、スポーツイベントがそうしたものとなる。スター・ウォーズの新作公開は国全体の祝祭だ。

それがあまりいいものでなくても、まるで関係ないかもしれない！　もし新しいエピソードが同じ都市の何百万人もの人々とつながりをもたせてくれるなら、あるいは全国、または世界中の人と通じ合えるなら、それが人間の心を満たせる。断片化された世界は、ニッチや反響室《エコーチェンバー》だらけだ。そこでスター・ウォーズは、大いに必要とされていた、人々をつなぐ組織を提供してくれる。若かろうと高齢だろうと、民主党だろうと共和党だろうと、ハンが先に撃ったのか、前日譚が過小評価されているか、レイとカイロの真の動機は何かについて、楽しい議論ができる。

スター・ウォーズは、帝国や共和国についてのいろいろ主張を含んでいるし、ローマ崩壊とナチス台頭から直接話を拝借している。帝国のどこがいけないかについての、単純で様式化された主張は、多くの国で共感を呼ぶ。でもそれは説教じみてはいない。フェミニストか？（そういう面もある）。キリスト教についての映画か？（はい）。仏教を受け入れているか？（ときにはそうしようとするが、絶対ちがう。まったくちがう。ひたすらちがう）。無数の解釈が可能だ。それは意見の相違や思いこみを招くのだ。

フォースは謎めいたままだが、だれもが光の側とダークサイドとを認識できる。スター・ウォーズは、人間の心がその両方を宿していることをはっきり認識している。ルーカスは悪魔の仲間ではないし、エイブラムスもちがうが、二人ともその魅力はよく知っている。スター・ウォーズは、ダークサイドとかなりの時間を過ごしたウィリアム・ブレイクにちょっと忠実すぎるかもしれない（「エネルギーが永遠の喜びである」）。でもかれはそれを喜んだことだろう。

スター・ウォーズは、子供が親に対して持つ最も奥深い感情の一部を引き起こすし、また親が子供に対して抱く気持ちも引き起こす。それはそうした感情が持つ圧倒的な強さを捉えている——そしてその両義性も。父や息子が、ベイダーによるルークの救済を見ると、あるいはカイロがハンを殺すところを見ると、我々はギリシャ悲劇、フロイト、人間の根源にまで戻っている。ルーカスにとってのヨーダであるジョーゼフ・キャンベルは、人々が「生きているという激情を感じる必要があり、それが結局のところすべてであり、そしてそれがそうしたヒントにより我々の内部で見つけられるようになるものだ」と述べている。スター・ウォーズにはそうしたヒントがあるのだ。

スター・ウォーズはスペースオペラだが、その最高の瞬間は驚くほど親しみぶかい。それは宇宙船も、爆発も、変な生き物も、共和国も反乱軍も関係ない。そうした瞬間に、一人の人間が見てこだわるのは、最もひどい行為の後ですら他人の中に存在する善だ。それは人と人が向き合うことで生まれる。慈悲以上に、許しは「二重に祝福されている」。というのも「それは与える者を祝福し、受ける者を祝福するから」だ。ちょっとのツキがあれば、そして何があっても自分を愛するという決意があれば、許しにこだわることで救済がもたらされ、それは驚異的に勇敢な行為という形で実現される。

スター・ウォーズは運命をやたらに持ち出すが、それでも選択の自由にこだわる。それがその最大の教えだ。個人の主体性による行為を通じて、人々は一見するとどうしようもない歴史の動きを変えられる。小規模だろうと大規模だろうと、人は物事を正せる。農場の少年がオルデランに行こうと決意できる。利己的な密輸業者が戻ってくる道を選び、たった一撃で仲間を救える（「ヒャッホー！……これですっきりしたぜ、小僧。さあこいつを吹っ飛ばして帰ろうぜ！」）。ヘルメットについた血を見て、ストームトルーパーはファースト・オーダーを離れ、いたずらっぽさを目に浮かべた囚人を支援できるし、その囚人が実は銀河系最高のパイロットだったりする。ゴミ回収業者は、BB－8という小さなドロイドを救うことにして、銀河系で最も有名なライトセーバーが自分自身に属するものだというのを発見したりする。

スター・ウォーズは原初的で、おとぎ話ではあるけれど、それは単にキャンベルの英雄の旅を語り直したものではない。もっと人工的だし、ずっと奥深い。フラッシュ・ゴードンでもあり、西部劇でもあり、コミックでもある。運命を重視すると言いつつ、本当のテーマは分かれ道であり、その場で人々の行う決断だ。大騒ぎと叫び声をもって、実は完全にアメリカ的だ。その一方でそれは普遍的であり、人間の条件の最も本質的な特徴に着目している。その特徴とは、不明確な未来の中での選択の自由なのだ。

スター・ウォーズは距離と静謐な客観性の重要性にも敬意は示す。でもその反逆的な心は、皇帝その人からの稲妻を受けてすら、特定の人物への強い執着を受け入れる。決定的な瞬間に子供が親を救うのだ。子供は成長している。そして自分の選択を述べる。「ぼくはジェダイだ、かつて父がそうだったように」

参考文献についてのメモ

スター・ウォーズについての本や論説はあまりに多く、実に多くが興味深い優れたものなので、ほんの数冊だけ選り出すのは不適切に思える。でも最もいろいろ教わったのは、マイケル・カミンスキー『スター・ウォーズ秘史』(*The Secret History of Star Wars* (Kingston, Ontario: Legacy Books Press, 2008))で、これは読んで実におもしろい。クリス・テイラー『スター・ウォーズはいかにして宇宙を征服したのか』(*How Star Wars Conquered the Universe*, revised and expanded edition (New York: Basic Books, 2015, 邦訳パブラボ、2012))は、このテーマについて一冊だけ選ぶならすばらしい本だ。そして包括的ですばらしい記述のJ・W・リンツラー『スター・ウォーズの製作:最初の映画の決定的裏話』(*The Making of Star Wars: The Definitive Story Behind the Original Film* (New York: Del Rey Books, 2007))、『スター・ウォーズの製作:帝国の逆襲』(*The Making of Star Wars: The Empire Strikes Back* (New York: Del Rey Books, 2010))、『スター・ウォーズの製作:ジェダイの帰還』(*The Making of Star Wars: Return of the Jedi* (New York: Del Rey Books, 2013))からも多くを得た。ジョージ・ルーカスもすばらしい啓発的なインタビューをしており、多くはサリー・クライン編『ジョージ・ルーカス インタビュー集』(Sally Kline, ed., *George Lucas: Interviews* (Jackson: University Press of Mississippi,1999)) に収録されている。

本書の議論の一部については、(ショッキングながら!) スター・ウォーズを引き合いに出さない社会科学研究を活用している。条件、歴史、社会的影響に関する見事な研究がダンカン・ワッツ『偶然の科学』(New York: Crown Business, 2011, 邦訳早川書房、2012) だ。ワッツはここでの私の議論の多くを刺激してくれた。マイケル・チュウェ『合理的儀式』(Michael Chwe, *Rational Ritual* (Princeton, NJ: Princeton University Press, 2001)) は集合的な体験についていろいろ述べている。短いが深遠な本だ。

行動科学での二つのすばらしい情報源がダニエル・カーネマン『ファスト&スロー』(New York: Farrar, Straus & Giroux, 2011, 邦訳早川書房、2012) とリチャード・H・セイラー『行動経済学の逆襲』(New York: Norton, 2015, 邦訳早川書房、2016) だ。情報カスケードについては、最初の分析はスシル・ビクチャンダニとデヴィッド・ハーシュライファー、イヴォ・ウェルチ『情報カスケードとしての流行、ファッション、習慣、文化変化』(Sushil Bikhchandani, David Hirshleifer, and Ivo Welch, "A Theory of Fads, Fashion, Custom, and Cultural Change as Informational Cascades" *100 Journal of Political Economy 1992* (1992)) だ。グループの先鋭化を検討したのがキャス・サンスティーン『極端に走る』(Cass R. Sunstein, *Going to Extremes*

(Oxford and New York: Oxford University Press, 1999)だ。エピソードとしての憲法についてはロナルド・ドウォーキン『法の帝国』(Cambridge, MA: Belknap Press, 1985, 邦訳未来社、1995)がいまだに決定的な議論を展開している。

謝辞

本書を書くつもりはなかったし、書くことになると言われても信じなかっただろう。このプロジェクトが始まったのは一年以内のことで、妻と私が親友ふたりジェナ・リヨンズとコートニー・クランギの家で夕食を食べていたときだった。その晩遅くなるにつれて、コートニーが何の気なしに、『新たなる希望』の入ったCDを指さしたのだった。それを借りて帰り、当時五歳だった息子デクランに観せるべきだという。

私はスター・ウォーズなんか何十年も観ていなかったし、別にまた観たいとも思わなかった。デクランが好きなのは野球であって宇宙船ではなかったし、ドロイドだのブラスターだのベイダー卿だのにはちょっとまだ幼なすぎるように思えた。だからデクランに観せてもかなり否定的な反応しかなさそうに思えた。でも気まぐれで（そしてコートニーの気分を害しないように）やってみた。もちろんデクランは大いに気に入った。私もだった。

『新たなる希望』を観てから、私たちはすぐに残りの五本を観た（ただし『シスの復讐』はかなり刺激が強かったので、一部だけにとどめた）。私はちょっととり憑かれはじめた。コートニー、ありがとう。

何十年にもわたり、私は法学部の学生たちに各種の研究プロジェクトを手伝ってくれるよう招いてきた（はい、正直に言えば懇願してきた）。そうした研究は、行政手続法、規制改革、統計的人命の価値、環境法におけるデフォルトのルールなどのテーマを扱っていた。いつも幸い、そこそこの応募者はいたが、本書の場合、立候補は空前の殺到ぶりだった。というか、すさまじい応募があった。デクラン・コンロイ、ローレン・ロス、クリストファー・ヤングに感謝を――みんなジェダイの騎士だ。

心底からの感謝を、原稿の一部または全部についてコメントをくれたジェイコブ・ガーセン、デヴィッド・ジャハー、マーサ・ヌスバウム、L・A・ポール、リチャード・セイラー、エイドリアン・ヴェルミューレに。特にヴェルミューレは、無数の議論だけでなく、かれの編集する『ニュー・ランブラー』にスター・ウォーズに関するレビューエッセイを載せてくれたことに感謝する。この本はその種子から育ったものだ（この論説は以下にある http://newramblerreview.com/book-reviews/fiction-literature/how-star-wars-illuminates-constitutional-law-and-authorship）。

我がすばらしきエージェント、サラ・チャルファントの支援、導き、熱意に感謝する。この法学教授にとって、スター・ウォーズはあまりありそうにない主題だし、サラがこれを進めるよう後押ししてくれたことで私は本当に驚いたし、感謝以上の念を抱いている。また二〇一五年秋にハーバード・ロースクールで教えていた、条件と霊感をめぐる読書会のメンバーにも感謝する。

その講義はスター・ウォーズについてのものではなかったが、その話題は（なんというか）登場はした。また優れた慎重な校正を行ってくれたトム・ピトニャックにも感謝する。

妻のサマンサ・パワーはあまりスター・ウォーズのファンではないが、いっしょに『フォースの覚醒』は観てくれたし、実際に気に入ったという。また、ルーク、レイア、オビ＝ワン、ダース・ベイダーなどの連中に関する無数の議論を我慢してくれるだけの鷹揚さを持っていた——そしてデクラン、リアン、私がコンピュータで各種エピソードを見つめていても、機嫌は悪くならなかった（なったとしてもそれを表には出さなかった）。驚異的なことに、このプロジェクトに対する私の熱意を共有してくれた。驚愕することに、本書の初期の草稿を通読して、その構成について大きな示唆をくれたうえ、ページごとに無数の編集をしてくれたので、原稿の方向性も変わり、大きく改善された。彼女の一家にはフォースがとても強く流れている（アナキン級のミディクロリアンなのはまちがいない）。その一員となれた私は実に幸運だ。

ジュリア・チェイフェッツは今も昔も最高の編集者だ。彼女は輝かしいほどクリエイティブで、実におもしろい人物だし、ビジョンを持っている。実は彼女はちょっとジョージ・ルーカスのようだ。つまり実に高い基準を持っていて、それが満たされなければ決して承知しない。私はこの本が、ジュリアの望むほどの水準にとても届かないのは知っている——近くにさえきていない——が、彼女の努力はそうでない場合よりも本書をすさまじく改善してくれた。ここでうまく行っているものすべてについて、彼女が私の副操縦士だ。

父がこの世で一番好きだった場所は、マサチューセッツ州のマーブルヘッドだったと思う。かれはプレストンビーチと、釣りと、テニスと、そして子供たちとソフトクリーム（かれはこれに驚愕していた）が大好きだった。生涯で父が怒るのを見たことがない（一度たりとも）。六〇代前半で他界した。私の三人の子供に会うまでは生きられなかった。その大きな強い肩と、絶やすことのない大きな微笑で、決して老いることがなかった。その中にはダース・ベイダーはまったくないし、カイロ・レンもなく、オビ＝ワンがちょっとあるだけ――でもハン・ソロはかなりあった（ナンパが大好きだった）。子供の頃、第二次世界大戦の勲章を見せてくれた――そしてライトセーバーはくれなかったけれど、その勲章はいまや私の手元にある。ありがとう、パパ。

訳者あとがき

本書はCass R. Sunstein, *The World According to Star Wars* の全訳だ。訳にあたっては、原出版社から得たpdfファイルと、ハードカバー版を参照している。

さて、本書についての説明だが……えー、なんと言うべきだろうか。本書はかなりユニークな本としか言いようがない代物ではある。

まず著者について。著者キャス・R・サンスティーンは、アメリカの法学者でハーバード大学ロースクールの教授だ。特に憲法学や行政法、環境法に詳しい。言論の自由、動物の権利、結婚などの様々な分野で多くの論文や著書があり、またインターネットやビッグデータが社会や民主主義に与える影響についての論説も多い。

また各種の政策や規制で、様々なリスクをどのように考慮するかを述べた研究も名高い。特に行動経済学的な知見を各種の規制手法や政策立案に導入する提案では、二〇一七年にノーベル経済学賞を受賞したリチャード・セイラーと共にリバタリアン・パターナリズムの考え方を提示している。人は行動経済学的なバイアスのせいで、そのままでは自分に最善の選択ができないこともある。それになんでもかんでも選択を迫るのがよいわけではない。選択しない自由も守られるべきだ。だから政府が政策の出し方などで、選択の自由を維持しつつもよい選択に人々を誘導するべきだ、とかれは述べる。

そしてかれは、象牙の塔のアカデミシャンにとどまらない。二〇〇九年から二〇一二年にかけてはオバマ政権のホワイトハウス情報規制問題局（ＯＩＲＡ）の局長を務め、連邦政府によるあらゆる規制についてのレビューと承認を行った。その立場は基本的には古典的な費用便益分析の遵守ながらも、行動経済学的な知見も大いに活用されている。

で……本書だ。

本書の話を聞いて、訳者を含め多くの人はスター・ウォーズを肴《さかな》にサンスティーンの学問的な主張を説明するような本を想像していた。スター・ウォーズのジェダイのことばを使って、禅の教えを解説してみたり、機動戦士ガンダムからあれこれ抜き出して、政治学的な知見を説明する補助に使ってみたりといった本は多数ある。本書もそうした一冊になると思うのが人情だ。ところが出てきたものは、全然ちがった。『スター・ウォーズ』成立までの経緯の説明！　なぜそれがヒットしたか！　スター・ウォーズでの親子関係！　スター・ウォーズとスタートレックとどっちがいいか！　スター・ウォーズのエピソードをどの順番で観るべきか！　スター・ウォーズをめぐるトンデモ説の紹介！　スター・ウォーズのエピソードランキング！　それを含めとにかく全篇で展開される、あられもないとすら言えるスター・ウォーズ・ラブ♡のオンパレード！

多くの人（特にサンスティーンの真面目な読者）はひっくり返った。

もちろん、スター・ウォーズへの愛情吐露は当然予想されていた。でもそこはそれ、アメリカを代表する法学者でホワイトハウスの公職にもついた人物としてのプライドというか慎みで、基本はもっと真面目でアカデミックな路線に行くと思っていたのに……。ちなみに、書きぶりもえらくライトだ。

このため、本書に対する評価もまた様々だ。もちろん、「サンスティーン先生、どうしちゃったんですかー！」と単純におもしろがって喜んでいる読者は多い。おたくぶり全開を見て大喜びする人もいる。その一方で、口さがない人は罵倒している。若者にうけようとしたオヤジがおちゃらけてみせて滑っているぜ、必死だな、という具合。もちろん（もちろん！）スター・ウォーズのディープなファンからは、踏み込みが甘いという批判も出ている。

またサンスティーンの真面目な読者からも戸惑いの声はある。すでに述べたように、本書の様々な部分にはサンスティーンの学問的知見が活用されている。それをもう少し深めることはできなかったのか、というわけだ。

ちなみに、サンスティーンの学問的な成果が最もよく出ているのが、法解釈の在り方を、続篇を作るクリエーターたちの解釈行為になぞらえて説明するエピソード8だ。続篇づくりは、もちろん前作までのシリーズに縛られる。でもだからといって、完全にできることが縛られているわけではない。そしてシリーズ新作による新しい解釈や展開が、今度はかつての作品の再解釈をもたらす。従うべき「ルーカスの当初の意図」なんかない。人々は走りながら新たな理解をつくりあげるものだ。憲法の解釈でも同様だ。公民権もジェンダー平等も言論の自由も、もともと憲法に定められていたものではない。社会の変化に伴い、憲法の解釈も変わっていったということだ。こうした説明は明解でわかりやすく、スター・ウォーズの理解と憲法解釈の理論の両方に対する知見を深めてくれる。が、その締めはスター・ウォーズのエピソードをどの順で見ればいいか、というまったく関係ない話。

エピソード9で示される行動経済学的な「ナッジ」の概念、エピソード2のメディアやインターネットを通じた評判のカスケード効果に関する説明、エピソード7の反乱軍やレジスタンスなどの先鋭化の力学なども、サンスティーンの知見が反映されている。が、これまたそのエピソード7の最後では、私的エピソードランキングがいきなり展開され、挙げ句に「文句あるか」とくる。うーん。

そしてもちろん、サンスティーンの理論とは、どうこじつけてもまったく関係ない章も多い。

父と子の関係を述べたエピソード5とか、トンデモ解釈をいろいろ紹介したエピソード4とか。

ということで、結局のところ本書は、サンスティーンがスター・ウォーズ新作公開にはしゃいで作ってしまった、本当に純粋なファンブックなのだと見るのがいちばん適切なのだろう。あのサンスティーンが、と（ぼくを含む）多くの人は思う。でも、そのサンスティーンをしてこんな本を書かせてしまうほどの魅力が、スター・ウォーズにはあるということだ。かれがダース・ベイダーとルークの関係を通じて思いをはせる、父と子の関係（それは自分と息子、そして父親と自分の両方にまたがるものだ）は、いかにも私的なものだ。でも、それがサンスティーンにとってスター・ウォーズの大きな魅力になっていることもよくわかる。スター・ウォーズは、サンスティーンにとってまさに神話として働いているのだ。それも、形式化した既成宗教的な意味での神話ではなく、いまそこで展開されている原型的な物語として。

そして本書はまた、スター・ウォーズがサンスティーン個人にとってだけでなく、世界のあらゆる人々にとって、そうした神話的な存在であることをとても重視する。サンスティーンは、インターネットによる人々の分断を二〇年近く前から懸念していた。人々は自分の見たい情報だけを見るようになり、みんなが自分の小さな殻にとじこもるばかりか、自分がそうした選別を行っていることにさえ気がつかなくなり、その結果として世界認識そのものが完全にばらばらになってしまう。それは二〇一六年の、ほとんどだれも予想していなかったトランプ大統領選出などで如実にあらわれてしまった。でもその中で、スター・ウォーズは世界にある種の共通体験をもたらしている。それも、楽しい、本当にみんなが共感できる体験だ。その秘密はなんだろうか？かれがスター・ウォーズに見いだしているのは、そうした意味での希望でもある。

スター・ウォーズにそこまでの期待をすべきかどうかは、もちろん人それぞれ。またそれに対するサンスティーンの分析も、ときに少し通り一遍の印象もある。ついでに、ぼくはかれが（何と！）アデルよりもテイラー・スウィフトを支持すると知ってかなり失望した。でもその一方で、ポピュラー文化をネタに各種の学問分野解説を行おうとする本は、しばしばあまりに生真面目すぎ、あまりに深読みの重箱の隅的になりすぎ、対象とした作品の持つ楽しさ、おもしろさとは無縁の鈍重な代物と化すことも多い。でもこの本はちがう。この本に限ってサンスティーンの主眼は分析にあるのではない。むしろ、なんでもいいからスター・ウォーズについて、思い切り書きたい放題のことを書けたという純粋な喜びにある。

本書から、アメリカの偉大な法学者サンスティーンの感じた、その純粋な喜びを感じ取っていただければ幸いだ。動画サイトなどで、本書のプロモーションでいろいろ対談をするサンスティーンの姿も見られるけれど、本当に楽しそうだ。本書をきっかけに、スター・ウォーズ・シリーズの魅力を読者のみなさんが再発見してくれれば幸甚。

そして……牛に引かれて善光寺参り、という格言もある。人がどんなきっかけで、何に向かうかはわからない。本書をきっかけに、サンスティーンの本業に関心を持つ人が少しでも増えてくれればと思わなくもない。

今後もスター・ウォーズ・シリーズは続く（はい、この訳書は二〇一七年末の『最後のジェダイ』公開便乗企画ではあります）。本書で展開された分析は、果たして今後も通用するだろうか？　それは本書を読み、新作を観ての、みなさんのお楽しみだ。

なお山形はスター・ウォーズは最初の公開時から観ているほどの歳寄りではあるものの、さほど熱心なファンというわけでもない。本当にマニアの方からみればいろいろまちがいもあると思う。お気づきの点は訳者までご一報いただければ、以下のサポートページで周知するようにいたしますので。http://cruel.org/books/WorldAccordingtoSW/

二〇一七年一〇月

東京にて　山形浩生 (hiyori13@alum.mit.edu)

本書の翻訳については、映画『スター・ウォーズ』シリーズ日本語字幕版／吹替版および小説『スター・ウォーズ』シリーズ（上杉隼人・他訳、講談社文庫）を一部引用・参照しました。

スター・ウォーズによると世界《せかい》は
2017年11月20日　初版印刷
2017年11月25日　初版発行
*
著　者　キャス・R・サンスティーン
訳　者　山形《やまがた》浩生《ひろお》
発行者　早　川　　浩
*
印刷所　信毎書籍印刷株式会社
製本所　大口製本印刷株式会社
*
発行所　株式会社　早川書房
東京都千代田区神田多町2−2
電話　03-3252-3111（大代表）
振替　00160-3-47799
http://www.hayakawa-online.co.jp
定価はカバーに表示してあります
ISBN978-4-15-209722-4　C0030
Printed and bound in Japan
乱丁・落丁本は小社制作部宛お送り下さい。
送料小社負担にてお取りかえいたします。

ハヤカワ・ノンフィクション

超予測力
——不確実な時代の先を読む10カ条

SUPERFORECASTING

フィリップ・E・テトロック＆
ダン・ガードナー
土方奈美訳
46判並製

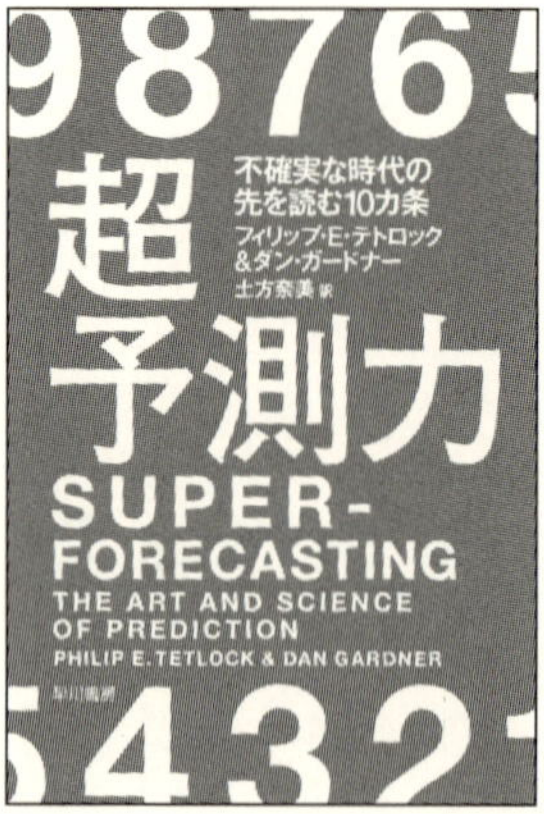

優れた未来予測を可能にするファクターとは？

「専門家の予測精度はチンパンジーにも劣る」という調査結果で注目を浴びた著者が、政治からビジネスまであらゆる局面で鍵を握る高い未来予測力の秘密を、行動経済学などを援用して説く。「人間の意思決定に関する、最良の解説書」とも評された全米ベストセラー。

ハヤカワ・ノンフィクション

9《ナイン》プリンシプルズ
——加速する未来で勝ち残るために

WHIPLASH

伊藤穰一＆ジェフ・ハウ

山形浩生訳

46判並製

MITメディアラボ所長が
クラウドソーシングの父と組んで贈る
「AI時代の仕事の未来」

「地図よりコンパス」「安全よりリスク」「強さよりレジリエンス」……追いつくのも困難な超高速の変革がデフォルトの世界で生き残るには、まったく発想の異なる戦略が必須だ。屈指の起業家とジャーナリストによる必読のイノベーション／ビジネスマニュアル。

ハヤカワ・ノンフィクション

道　程
―オリヴァー・サックス自伝―

On the Move
オリヴァー・サックス
大田直子訳
46判上製

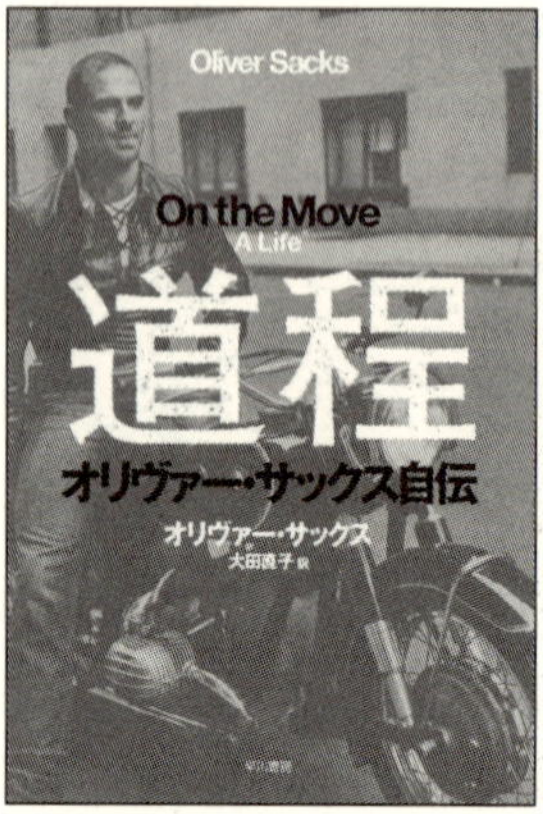

類いまれな観察者が遺した
自らの「観察記録」

先ごろ惜しまれつつがんで亡くなった、脳と患者の不思議に魅せられた著者が、オートバイに夢中の奔放な青年時代から、医師として自立する際の懊悩、世界中で読まれた著作の知られざるエピソード、書くことの何物にも代えがたい素晴らしさを綴った、生前最後の著作となった自伝。

宇宙飛行士が教える地球の歩き方

An Astronaut's Guide to Life on Earth

クリス・ハドフィールド
千葉敏生訳
46判並製

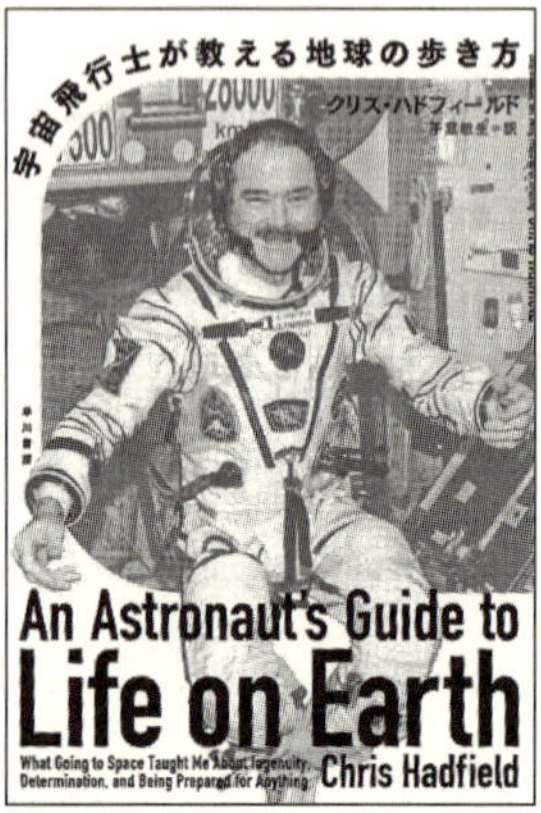

YouTubeやTwitterで大注目の
カナダ人宇宙飛行士！

「ゼロになれ」「ちっちゃなことを気にしろ」「仲間を地球最後の人間と思え」――宇宙で学んだことは、地球で生きていくうえで最も大切なことでもあった！　宇宙へ行く夢をかなえた著者が、恐怖に打ち克ち、危機一髪を切り抜け、最高の仕事をする方法を伝授する。